「絵コンテ発想法」

寺子屋指南！

使って楽しい

絵コンテ用紙付！

紙と筆があればできる驚きの発想法

大野 浩 著

Ohno Hiroshi

B&Tブックス
日刊工業新聞社

絵コンテ発想法★5つのポイント

1.発想のヒント（裸の王様）

・自分を取り巻くパラダイムを客観的に眺めてみる。

・普段は見落としている身近な事象に注目する。

・日常生活で遭遇するちょっとした疑問、不思議、違和感を無視せずに、じっくりと観察する。

2.発想のビジュアル化（星の王子さま）

・言葉はイメージを記号化する道具。だから語彙の多寡により、発想にも伝達にも個人差が生じてしまう。

・発想に絵や映像などの視覚情報を使えば、広範囲な思考が可能となり、心象として直接人間の感情に訴える力を持つ。

・言葉の出来ない外国人や子供にもイメージが伝わる。

3.発想のマネジメント（北風と太陽）

・発想の多くの部分は潜在意識（無意識）から導き出される。

・普段は顕在意識（自意識）が主導権を握っているので、常識に囚われて、発想に制限がかかっている。

・潜在意識（無意識）が安心して落ち着いて発想できる環境を手に入れる。

4.発想のプロセス（わらしべ長者）

・発想とは連想ゲームのように、要素と要素を組み合わせて新しい発見を追求すること。
・シュールレアリスムの画家たちのように、あるいはジョン・レノンの作詞のように、自由連想が結果として大いなる成果を生む。
・次々と寄せ集めた要素を使って、潜在意識（無意識）が織りなす刺激的なコラージュを楽しもう。

5.発想のゴール（青い鳥）

・発想の基本要素はすべて自分の中にある。なぜなら人間は自分が知っていること以外は理解できないから。
・発想が外界からの刺激によって触発されることはあるが、よく考えてみれば、どれも以前から自分の中にあったものばかり。
・焦って発想探しの冒険に旅立つ前に、もう一度自分の周囲を見渡して、青い鳥がいないか確認しよう。
・ここで再び①発想のヒントへと戻り、メビウスの帯のように永遠に尽きることのない発想ループが構築されていく。

Mくんの場合

先日、銀座のホテルで行われた同窓会でMくんに再開しました。Mくんとはさほど親しい間柄ではなかったけれど、あちらから近づいてきたので避ける理由も見当たりません。しばらく差し障りのない近況など交わすうち、「ここはうるさくていけない。どうだい、この近くに馴染みのバーがあるのだけれど」と誘われました。

Mくんは中堅食品会社の社長。今ではユニークな新商品を次々と発表して、売り上げを伸ばし、マスメディアにもたびたびその独自な企画力が取り上げられる有名人です。

でも学生時代の彼を知っている者なら皆、意外に感じるでしょう。当時の彼を思い出すと、企画より規格という言葉が正にぴったりで、謹厳実直と言えば聞こえはよいけれど、要するに融通の利かない男だという印象しかありません。その彼がなぜ今のようなクリエーティブな人間に変身したのか、興味もあり誘いにのることにしました。

表通りから少し入った狭い路地の突き当たりにその店はありました。長年使い込まれた飴色に光るカウンターに肘をついて水割りグラスを所在なく眺めていると、やがてＭくんはおもむろに語りはじめました。

プロローグ

「多分君は思っているよね。なんでこの僕がって。実際、君も知ってのとおりだ。学生時代のぼくは皆が遊んだり飲みに行ったりしている間、勉強ばかりしていた。卒業後も就職、結婚とすべて論理的に判断し選択してきた。そうした正確で整然とした時計のような生き方に誇りを感じていた。でもね、あるときそれが違うことに気づいた。正に青天の霹靂と言うべきか、あの日以来自分の人生が急に無意味でみすぼらしく思えるようになってしまったんだ。

馬鹿げた話だけれど聞いてくれ。決して忘れない、あの雨の降る晩のことは……」

その頃、Mくんは開発企画部長でした。部長という肩書きはまだよいとして、そもそも彼にクリエーティブな開発企画部の仕切りなどお門違いなのは誰しもが認めるところ。ところが何を勘違いしたのか、創業者の社長が彼を甚く気に入り、出世コースの開発企画部長のポジションを与え、しかも一人娘とも結婚させ、気がつけばMくんは次期社長としての道を歩きはじめていました。

しかし案の定、Mくんが担当部長になってから間もなく業績は下降線を辿りはじめました。そもそもクリエーティブな能力なんてないのですから、すべて部下に任せておけばよいのに、Mくんには彼らのやっていることが馬鹿馬鹿しく思えてなりません。だから当初は斬新なアイディアを出していた部下たちも、ことあるごとにMくんから横槍を入れられてすっかり嫌気が差してしまいました。やがて才能と志がある者は去り、気がつけば周囲はイエスマンばかり。社長の期待とは裏腹な業績悪化という大問題に、どう対処すればよいのか検討もつかず焦るMくんでしたが、もちろん最大の問題は、その原因が自分自身であることに彼自身がまったく気づいていないことでした。

その日、Mくんは都心の大きな書店へ行きました。あまりに部下たちの出すアイディアが馬鹿馬鹿しくて、あれくらいなら自分でもできると思ったのですが、いざ自分でやってみるとこれが意外と難しい。そこで理詰めなMくんは企画のノウハウを学習しようと、あたりまえのように書店へと向かったのです。『アイディア・発想』のコーナーには、頭がクラクラするほどたくさんの似たような本が並んでいました。

ふと見ると、およそアイディアや発想にはそぐわない派手なパステルカラーの背表紙が目にとまりました。

『天才ダ・ヴィンチから学ぶ驚きの絵コンテ発想法！』なんてタイトルからしてふざけています。

普段なら無視するところですが、今日のＭくんは少々違っていました。そしてその本を書棚から取り出し、ぱらぱらとめくってみて改めて驚きました。中身はほとんど絵ばかりで文章は申し訳程度しか書かれていません。

しかも内容は同じことを繰り返しているようにしか思えません。

「ひどい。これじゃまるでチラシか絵本だな」さすがにMくんも開発企画部長ですから、タイトルにある絵コンテぐらいは知っていました。しかしちゃらちゃら浮かれた映像業界の人間が使うものなど、どうせろくでもないとそれまで気にも留めませんでした。

「しっかし、こんなスカスカな本を書く奴も大問題だが、出版する編集者も編集者だ！」

などと書店で一人憤慨するMくんですが、今日のMくんはそれでもやはりちょっと違っていました。

「よし次の企画会議では、このひどい本を反面教師として話題にしよう」そう決めたのでした。

こんな本に散財するのは馬鹿馬鹿しいけれど、そこは潔癖症ですから立ち読みなんて不正なマネはできません。ちゃんと支払いをすませ、家に持って帰り、書斎にこもると、奥さんに入れてもらったお茶をすすりながら隅から隅まで律儀に目を通したのでした。

プロローグ

さて、企画会議の日がやってきました。今日のメインテーマは現在開発中のインスタント・タマゴ雑炊のデザインに関してです。しかし、会議自体はすでに形骸化しているために当然のごとくモチベーションは上がらず、沈鬱な空気が漂い虚しく時間ばかりが過ぎていきます。

本当は例の本をやり玉に挙げ、非論理的な発想法が横行している現状を憂いて、部下に教訓を垂れる予定のMくんでしたが、今はもはやそれどころではなかったのです。

実は『驚きの絵コンテ発想法』に接してここ数日、とても様子が変なのです。なぜか彼の頭の中には、遙かアフリカやインドなどにしかいないはずの象のイメージが芽生え、やがてそれは日を増すごとにどんどんと大きく鮮明になり、先ほどから長い鼻を左右に振りながら小さな赤い目でじっと睨みつけるのだから、もう我慢ができません。

Mくん のダジャレ発想法

◎『絵コンテ発想法』をバカにしていたMくんでしたが…

Mくん
「タマタマ、発想のタマゴがありました。なんちゃって」

◎なんか変です

「下らない、ダジャレを言っている場合ではない。
仕事仕事！」

◎今までダジャレなんて言ったことないのに…

「タマゴが割れてゾウが生まれたゾウです。
なんちゃって」

◎ところが、オヤジギャグの連発です！

「ゾウしたんだ？バカなこと考えている場合ではないゾウ」

◎これも発想法のひとつということで

「ゾウの映ゾウがゾウ大して、ゾウにも止まらない
ゾウ」

Ｍくんが一番嫌いなのがこうした妄想です。まったくもって許せないことでした。馬鹿な妄想を振り払おうと不機嫌そうに咳払いをして、「沈黙は金と言うが、君たちの沈黙は一文にもならないぞ」と言うつもりが、まさかのことに「象なんかゾウでしょうか♪」

なんて明るい駄洒落が意思に反して口から響いていました。

部下たちは突然の出来事に目を白黒させて、そして互いに顔を見合わせました。それまでＭくんからの提案なんて一度もありませんでしたから。ところが今、耳にした象のアイディアは実に今回の新商品にドンピシャリのクリーンヒットでした。それを境にイエスマンだった部下たちからも堰を切ったように発言が飛び交い、企画会議は白熱したそうです。

このことに一番驚いたのはもちろんＭくん本人。ふらふらと会議室を抜け出し、社会人になって初めての経験、つまり会社を早退したのでした。

外はすでに宵闇に沈み、そぼ降る雨が街路を濡らしていました。こんなとき、自分に甘いほとんどの男は、美人ママがいる飲み屋へ行って慰めてもらうとか、ど派手なアクション映画でも観るとか、ギャンブルやオタク買いして散財するなど、要するに趣味の世界に浸って憂さを晴らすのでしょうが、そもそもＭくんには趣味などありません。そこで常日頃から自己管理に厳しいＭくんは、迷わず医者に行くことにしました。「身体も心も機械と同じ」が持論の彼は、医者と薬が大好きなのです。

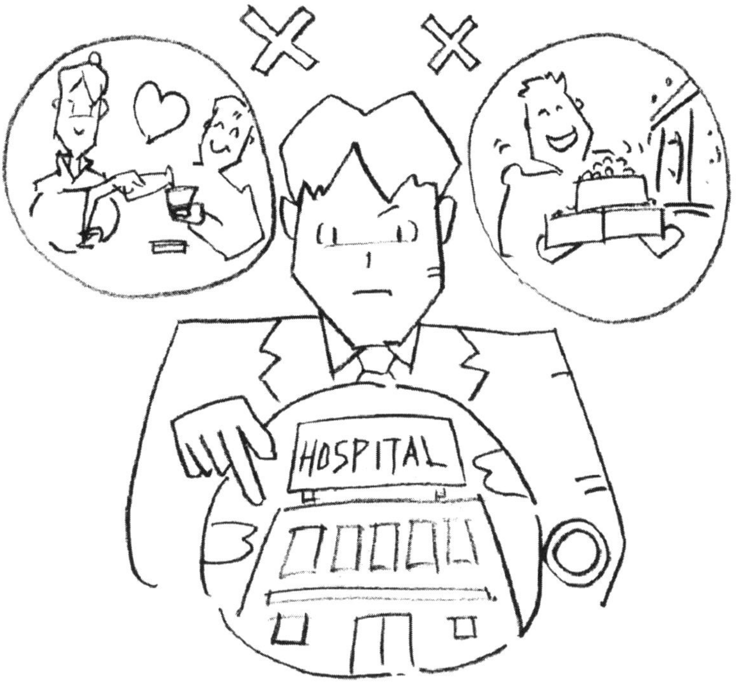

ところが生憎そんなときに限ってかかりつけの医院は休診日。ため息混じりにふと歩道の先を見ると、そぼ降る雨の中『星王子クリニック』という看板が目に止まりました。しかも『象が気になる方専門』なんて書いてあります。

「象が気になる方だって？」

気になるどころか気が変になりそうなのですから。

Mくんはふらふらと導かれるようにその建物に入って行きました。そしてエレベータに乗り込むと三階のボタンを押しました。三階の薄暗い通路の奥がクリニックになっています。入り口のチャイムを鳴らすと、中から「どうぞ」と子どものような甲高い声がしました。

扉を開けると暖かなレモン色の光がこぼれ出して暗い廊下を照らしました。ところが目が慣れてくると、妙なことに気づきました。そこはまるで診察室らしくないのです。広さはやっと畳一枚分で、しかも医療器具が一つも見当たりません。あるのは小さな机と椅子だけ。そして机の向こうには丸眼鏡をかけた金髪の男の子がちょこんと腰掛けていました。

「ええと、ぼっちゃんはお留守番？先生はお出かけです？」とMくんは不安げに尋ねました。

「違うよ、先生は僕だよ。象が気になる人専門だけどね」と男の子は手招きしながら答えました。そして一枚の絵を見せてこう言うのです。

「ところでこれ、怖くない？」

皆さんご存じのように、この場面は『星の王子さま』の冒頭で、

作者のサン・テグジュペリが語る自らの子どもの頃の思い出と同じですね。でもＭくんは童話のような程度の低いものは馬鹿にして、一度も読んだことがなかったのでそんなこと知るよしもありません。

「ちょっとなんて恐ろしい絵を見せるんだ。象を飲み込んだウワバミなんて！」額の冷や汗を拭いながらＭくんは脅えた声で言いました。

「やっぱりおじさんは発想過多症だね」とその子は言いました。
「発想過多症？」Ｍくんはあわてて聞き返しました。
「大人向けに難しく言えば、封印されていたおじさんの潜在意識、つまり心の扉が何かの切っ掛けで開いて、それまで思ってもいなかった発想がどんどんと浮かんでくる症状さ」
「変なことを言うじゃないか。そんな症状聞いたことがないぞ！」
「それじゃ次、この絵は何に見える？」
それはどう見てもちっぽけな四角い箱に入ったヒツジです。
Ｍくんがそう言うと、
「ほら間違いない。しかも運の良いことに重症だ。おじさん、もしかして最近なにか変わったことしなかった？」

「変わったこと？冗談じゃない。変わったことなんて生まれてこの方、一度もしたことがない。でも、もしかして……」

思いつくのは例のひどい本を読んだことぐらいです。いや厳密に言えば、最初は馬鹿にしていた絵コンテ発想法ですが、読んでいる間に不覚にもだんだんと興味が湧いてきて、つい試しに一枚描いてしまったのでした。

「おやおや、それではもう手遅れだな。現代医学では絶対に治らない。絵コンテ発想法は実に強烈だからね。

しかしあの本を読んで、しかも絵コンテを一枚描いたくらいで発病したということはだよ、今まで気づかなかっただけで、おじさんは潜在的に発想体質の持ち主だったということだね」

Ｍくんは焦りました。それに先ほどから訳のわからないことばかりで不愉快でもありました。

Mくんの描いた絵コンテ

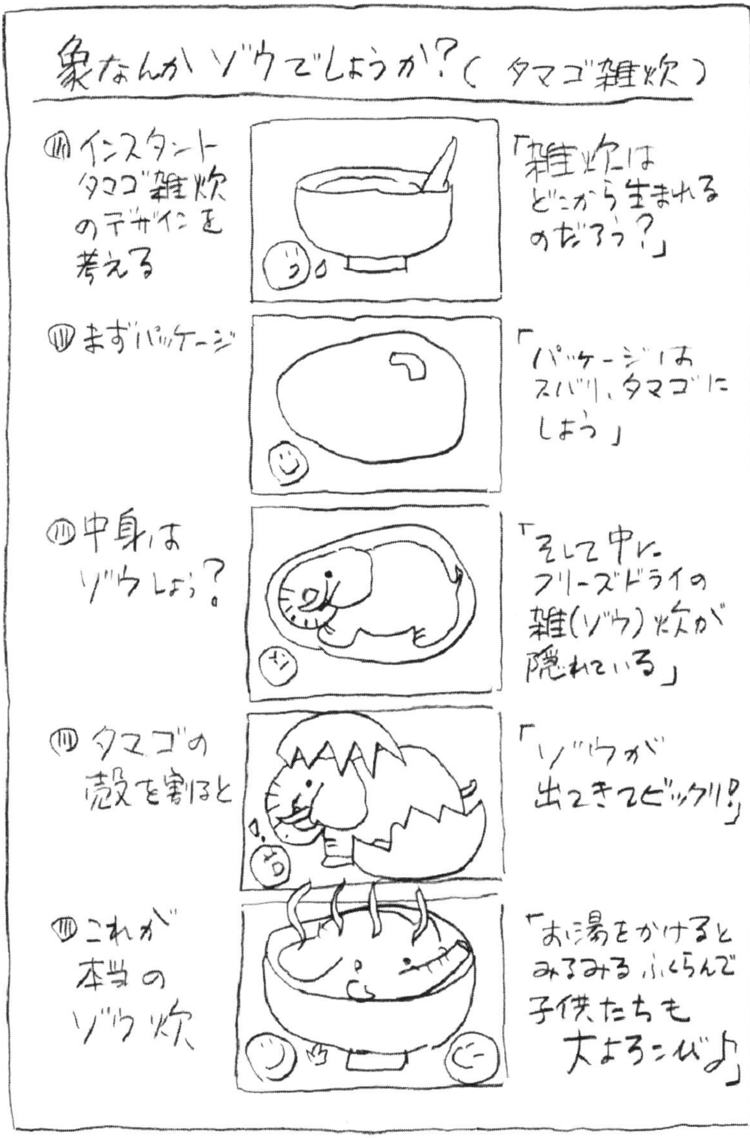

象なんかゾウでしょうか？（タマゴ雑炊）
インスタントタマゴ雑炊のデザインを考える
「雑炊はどこから生まれるのだろう？」
まずパッケージ
「パッケージはズバリ、タマゴにしよう」
中身はゾウしよう？
「そして中にフリーズドライの雑（ゾウ）炊が隠れている」
タマゴの殻を割ると
「ゾウが出てきてビックリ!?」
これが本当のゾウ炊
「お湯をかけるとみるみるふくらんで子供たちも大よろこび♪」

「もう診察は結構だから何か薬を出しておくれ」

そうMくんが言うと、子どもは相変わらずニコニコしながら、

「だから発想過多症に薬は効かないんだって。それに別に悪い病気じゃないからね。早い話、おじさんはもう解放されたんだよ。今の気分はどう？まだ気づかないの？」

Mくんは考えてしまいました。確かにそう言われてみれば、今日一日いろいろな出来事が続いて起こったのでショックだったけれど、絵コンテ発想法という本を読んで、そして象が見えるようになってから、別人になったような気がします。幾重にも巻かれていた重い鎖が取れて、身体まで軽くなったような気分。これまでは自由という言葉に胡散臭さを感じていましたが、今ではそれがとてもあたりまえに心地よく感じます。そしてよく考えてみれば、自由なんて気分を味わったことは物心ついて以来なかった気もします。Mくんにとって初めての体験でした。

「発想過多症は慣れるまで違和感があるけれど大丈夫、心配しないで。これからはすべて上手くいくから。今までとはまったく違った楽しい人生が訪れるよ。もし不安を感じたらこれと同じ絵を描いてみて。そうすればぼくの言った意味がわかるはずだよ」

それは先ほどその子が見せてくれた絵でした。

話を終え、長いため息をつくと、Mくんは紙ナプキンに何やら描きはじめました。それを私に見せて言いました。「これ何に見える？」

確かに子どもが描いたような拙い絵です。でもそれが何かすでに私は知っていました。なぜなら実はMくんよりもずっと以前から発想過多症になっていたからです。

「ウワバミだね。しかも象を飲み込んだ」

そう答えると、Mくんの目が輝きました。

星の王子さまが教えてくれたこと

　ちょっと思い出して下さい。子どもの頃は発想やアイディアがまるで夏の入道雲のように次々浮かんできて、いつも溢れんばかりのイメージで頭が一杯だったような気がしませんか？ところが成長するにつれて、ほとんどの子どもは常識という名のウィルスに感染し、大人になれば常識的観点から、あれも駄目これも駄目どうせ駄目と、やる前からできない理由を探すようになります。そして日常生活や仕事に直接関係ないイメージは馬鹿馬鹿しい戯言としてゴミのように無視されます。逆に世間ではそんな人を分別のある大人として評価します。

サン・テグジュペリの書いた物語「星の王子さま」は、象を飲み込んだ大蛇の絵を「これ、怖くない？」と大人たちに見せるたびに、「なんで帽子が怖いものか」とか「そんなつまらないことを考えていないで勉強しなさい」と言われてしまう作者の幼年期のエピソードではじまります。日々世界中で繰り返されている大人と子どもの間に横たわる深い溝です。サンテグジュペリは童話というメタファーを使って、発想と常識の間にまたがる相容れない葛藤を私たちに暗示し、問題提起しています。

絵コンテ発想法は固く閉ざした潜在意識、つまり心の扉を開けるのが目的です。絵を描くことによって誰でも子どもだった頃に持っていた、湧き出す発想の存在に気づきます。でもそれだけではまだダイヤの原石と同じ。宝石としての輝きを引き出すために、発想に磨きをかける必要があります。研磨するのはあなたの感性と経験から導き出されるセンスです。絵コンテ発想法とは、それをワンセットにした発想の道具なのです。

絵コンテの絵は記号

「絵も描けないのに絵コンテで発想なんてあり得ない！」と言う人がいますが、よく聞いて下さい。絵は用途によってアートと道具の二つに分かれます。アートとは美術館に並べてあるあれです。

最近では現代アートと称して、ゴミみたいなものが並べてあるので、アートの定義がどんどん意味不明になっています。しかもサブカルのアニメや美少女にあやかったりもしているので、あまりクールではありませんね。しかしそんな時代でもアートを志して学校で学ぶつもりなら基本が必要になります。

基本とはずばりデッサン。クラシックピアノを志す者がバイエルをやるのと同じです。はっきり言って全然面白くありません。

マルコム・グラッドウェルは著書『天才！ 成功する人々の法則』の中で、どんな分野でも成功を目指すなら一万時間を費やす必要があると言っています。アートの場合その導入部がデッサンであり、確かに一万時間もやれば上手くなるでしょう。但しそれがアーティストとしての成功を約束してくれるわけではありません。実際、世の中には絵の上手い人間は掃いて捨てるほど存在します。ただし、ほとんどは絵が上手いというだけで終わり、99%は無名のまま消えていきます。それが自然の摂理です。アーティストなんて所詮世の中のカンフル剤のようなものなのだから、必要なのはごく僅か。増えすぎたら鬱陶しいだけですからね。

やってはいけない！1万時間の法則

- 本を読んでインスパイアされる若者

「何、1万時間の法則だって」

- 律儀に計算しています

「1日8時間で3年半か…」

- その気になりました

「よし、ラーメン評論家になるためにガンバルぞ！」

- 努力の日々が続きます

- そして1万時間の後

「…… …」

さて、絵のもう一つの機能は言葉と同じくイメージを伝える道具。つまりイラスト（図解）です。最近ではイラストもアート志向になってその差が今ひとつ判然としませんが、本来イラストとは小説の挿絵や技術書の図解のように、文章だけでは分かりにくい素材をビジュアルで補うための道具です。アート作品のように単独で存在するわけではありません。

だから当然、絵コンテの絵はアートではありません。あくまで道具です。絵コンテとは要するに図解の一種なのです。

図解は昔から日本人の得意技。世界的に評価されている北斎などの江戸の絵師たちも絵双紙や黄表紙などで図解の腕を振るっています。そのスピリットが世界を席巻するクールジャパンのマンガやアニメ文化へとつながっているのです。

さて長い能書きはこの辺りで終わりにして本題に入りましょう。今回も絵コンテ発想法で有名なビジュアルコミュニケーション研究所から話は始まります。

Contents

登場人物

所長（ビジュアルコミュニケーション研究所所長）

昭和29年（1954年）2月生まれ。美術系大学卒。語学が苦手なくせに、好奇心は人一倍旺盛で、若い時分に放浪の旅に出る。案の定、コミュニケーション力不足から行く先々でトラブルに巻き込まれる。

あるときアフリカの奥地でふとした行き違いから現地人に囲まれ、生命の危機に遭遇する。一時は死を覚悟するが、とっさの判断で地面に絵を描いたことで誤解が解け、辛くも危機一髪で窮地から脱出を遂げる。

その経験がヒントになって、絵によるコミュニケーションスキルを進化させるべく研究を進め、それがビジュアルコミュニケーション研究所の開設へと発展していく。

研究所の目玉、絵コンテ発想法は、所長が一時期テレビCMの制作をしていた関係から思いついたもの。映像業界では絵コンテを映像の設計図と呼んでいる。映像を発想するための設計図なのだが、それに限らずどんなジャンルの発想にも応用が可能とのこと。

インターネットの広がりと、スマホやタブレットなど、映像をどこにでも持ち運べるデバイスが進化し続ける今、ビジュアルはいつでも、どこでも、誰にでも、と大きな変化を遂げ続けている。そんなときに偶然出会った謎の絵暦。どうやら新たな展開の糸口となりそうだ。

所長の場合（1954〜　）

1954年
東宝の特撮怪獣映画「ゴジラ」公開の年に生れる

ゴジラ
「ボクも人間に生れたかった」

何でも興味を持つ子供時代

所長
「オモチャより面白い！」

それが高じて秘境に憧れる

所長
「せまい日本でノンキに青春を浪費している場合ではない」

無鉄砲な性格が災いし危険な目に遭うが絵の力で辛くも脱出

原住民
「パパヤパヤ！」
所長
「この絵を見て！」

それがヒントとなり、絵コンテ発想法へと展開していく

所長
「というわけで絵コンテ発想法をヨロシク♪」

登場人物

スミレ（ビジュアルコミュニケーション研究所職員）

昭和64年(1989年) 1月7日、つまり昭和天皇が崩御し、翌日から平成になるズバリ昭和最後の日生まれ。本人は一日違いで昭和生まれと言われることに納得がいかないらしい。

父親の仕事の関係から海外生活経験がある、いわゆる帰国子女。その特別枠を使って外国語大学卒業後、少女の頃から憧れていたフライト・アテンダント採用試験に見事合格するも、持ち前の天然度の高さが大いに影響し、周囲と馴染めずに残念ながら退職。

その後、友人に誘われてなぜか神社の巫女さんになるが、刺激のない環境に居眠りばかりしていてクビになった。

見かねた両親の勧めもあり、別に生活に困っている訳ではないのでとりあえず海外留学という遊学に出る。留学先はパリの美術学校。フランス語は話せるが、絵はまったく描けない。それでもアートなら適当にごまかせるだろうという安直だがロジカルな選択。ところが実際にやってみると意外とツボにはまってしまう。

とはいえ、元々がお嬢様育ちであり、弱肉強食のアートの世界で生きていこうなんて気持ちはサラサラなく、花の都パリでの生活を日々楽しく満喫していた。

そんなある日、メトロのサンジェルマン・デプレ駅で絵を描いて何かを言おうとしている変な東洋人のオヤジに遭遇する。暇なスミレが下手な絵を描いて応答すると、これが面白いことにコミュニケーションの役に立つのであった。それがビジュアルコミュニケーション研究所の所長との奇妙な出会いだった。

スミレの場合(1989〜　)

- 英語もフランス語もネイティブだが日本の習慣がネイティブじゃない帰国子女

スミレ「ボーイフレンドならキスとハグして♡」
ボーイフレンド「はずかしいよ〜」

- フライトアテンダントになるも女だけの世界はいまひとつしっくりこない。

他のフライトアテンダント「あの娘、変だ!」

- で、なぜか神社の巫女さんに。しかし神の世界もしっくりこない。

他の巫女&神主「あの娘、変だ!」

- パリでアートに目覚める

スミレ「やっぱりアートよね♪」

- サンジェルマンデプレ駅での出会い

スミレ「あのオヤジ、変だ!」

登場人物

翔吉《しょうきち》（浮世絵の版元蔦屋耕書堂で働く絵師見習い）

明和6年（1769年）大伝馬町の紙問屋を商う両親のもとに生まれる。店は年を追うごとに繁盛し、跡取りの長男とあって乳母を付けて大切に育てられていたが、翔吉が3歳のとき、江戸中を猛火が襲った明和の大火で店は全焼し、両親とも死に別れる。その後は親戚中をタライ回しにされ、すっかり性格がねじ曲がってしまった。

ある日、翔吉が使いに行かされたおり、商家の前を通りかかったら、中から楽しげに会話する親子の様子が見えた。急に寂しさがこみ上げ、腹立ち紛れに板壁に落書きをしたのが見つかる。こっぴどく殴られて番所に突き出されそうになったが、そこへたまたま訪れた客が不憫に思いとりなしてくれた。

その男は改めて翔吉の描いた落書きを眺めていたかと思えば、「お前は絵が好きか」と聞いた。翔吉が鼻血を拭いながら頷くと、「お前には絵の素養がある。無駄に落書きさせておくのはなんとももったいないから、その道で修行してはどうか」とのこと。翔吉が両親もなく、身寄りを転々としてと語ると、それなら「私がなんとかしてやろう」と言われ、どっちにしろこれ以上悪くなることはないだろうとついて行くことにした。

そこで紹介されたのが耕書堂の蔦屋重三郎だった。そして翔吉を助けてくれた若い男は、後に蔦屋の看板絵師になる喜多川歌麿だった。

翔吉の場合（1769〜　）

◎大伝馬町の紙問屋の長男として生まれる

父親
「賢い顔をしている」
母親
「良い跡取りになってくれますね」

◎明和の大火で店は全焼、3歳で両親と死に別れる

半鐘が打ち鳴らされる
ジャ〜ン
ジャ〜ン

◎親戚をタライ回しにされイジケた性格に

親戚
「まったく邪魔な子だ」

◎商家の壁に落書きをしてとっちめられるも

翔吉
「くそ面白くないぜ」

◎ひとりの絵師が執り成してくれ、しかも翔吉の絵の才能を見抜き蔦屋へつれていく

絵師
「蔦屋さん、この子です」
蔦屋
「そうかい、そうかい」

登場人物

隼二郎《じゅんじろう》（江戸深川の老舗料理屋ふな膳の次男）

翔吉と同じ明和6年（1769年）の生まれ。翔吉との違いは、あさり料理で名の知られた老舗料理屋ふな膳が相変わらず繁盛し、両親も健在で、しかも堅物だが働き者の兄がちゃんと店を切り盛りしていること。

したがって、次男坊の隼二郎は気楽な身分。料理の才能はあるのだが、板場の手は十分に足りているので本人は日々ぷらぷらと遊び惚けている。

暇をもてあます若旦那のやる遊びは一通りやってはみたが、なんと言っても一番の趣味は歌舞伎芝居。店がどんなに忙しかろうが、小屋ののぼりが立つとそんなことはお構いなしで飛び出してしまうので、父親はお客様の手前外聞が悪いといつもやきもきしている。

芝居好きにつきものなのが、役者絵の収集。ご多分にもれず、隼二郎の役者絵のコレクションは常軌を逸しており、部屋はまるで役者絵博物館の様相を呈している。

翔吉とのつき合いも、蔦屋を度々訪れて役者絵の新作をどっさり大人買いしていく隼二郎と、店番をしていた翔吉が同年齢という心やすさも手伝って、どちらからともなく声をかけたことに始まる。

絵師見習いの翔吉とつき合うようになってから、隼二郎の役者絵にかける情熱は日増しに強くなり、最近では自分でも密かに絵を描いているとの噂も聞く。

隼二郎の場合（1769〜　）

◎ 老舗料理屋の次男として何不自由なく生きている

隼二郎「次男坊は気楽な稼業ときたもんだ〜♪」

◎ 芝居ののぼりが立てば

隼二郎「ヨッシャー！」

◎ 隼二郎の部屋 まるで役者絵博物館

隼二郎「役者絵はアートです」

◎ 蔦屋で翔吉に出会う

隼二郎「新しいの入ってるかい？」

◎ 翔吉と会ったことで増々芝居と役者絵にのめり込む隼二郎だった

翔吉「オレたちと同年代で歌川豊国というすごいのがいるよ！」

登場人物

平賀堂書店店主

年齢不詳。神田神保町で古書を扱う平賀堂書店の店主。実はこの書店がいつ頃からあるのか誰にも記憶がない。でもすっかりと周囲の風景に馴染んでいるので、気に留める者はいない。

天上に蜘蛛の巣が張った薄暗い店内は十年一日の如く、まるで時間が止まってしまったかのように見える。そして奥の帳場には店主が煙草を吹かしている姿がある。

そんな店だからさまざまな噂が立ち、店主は明治天皇の隠し子とか、某国の諜報員で古書店を隠れ蓑にして情報を発信しているだとかはまだよい方で、幽霊だとか妖怪だとか狐だとかなんでもありの様相を呈している。

最近ではエレキテルを作った江戸時代の発明家であり日本のレオナルド・ダヴィンチと称される平賀源内の肖像画にそっくりなことから、どこかで血が繋がっていて、それを暗に示すために平賀堂という店名にしたということで落ち着いている。

（みなさんも神保町に行く機会があって、平賀堂書店を見かけたら、是非一度店内に入って確かめて下さい。そうは言っても気がつかないで通り過ぎてしまう人がほとんどですが……。）

平賀堂書店店主の場合（?〜　）

◎おおよそ160店の古書店がひしめきあう本好きのメッカ神田神保町

靖国通りの騒音、
ブォ〜ブォ〜ン
プハ〜プハ〜

◎そんな中に平賀堂書店という不思議な書店があります。

「オヤッ！
あんな書店
あったかな？」

◎急いでいる時はあるのに、改めて行くとどこにも見当らない。

「アレレッ
無いぞ！」

◎だから目にした時がチャンス。無理しても、中に入ってみてください。

「よし今度こそ」

◎きっと新しい世界が開けます。

平賀堂書店店主
「さあ、どうぞこちらへ」

Part. 1

江戸時代にタイムスリップして「絵コンテ」発想法を身につけよう!

江戸時代に「絵コンテ」はありませんが、絵を使って日の移り変わりを伝える「絵暦」など、絵を使って物事を伝える手段はたくさんありました。時代劇でよく目にする瓦版などもその例ですね。写真のない時代、今よりも絵が人に与える影響は大きかったのかもしれません。それでは、その江戸時代にタイムスリップしてみましょう。

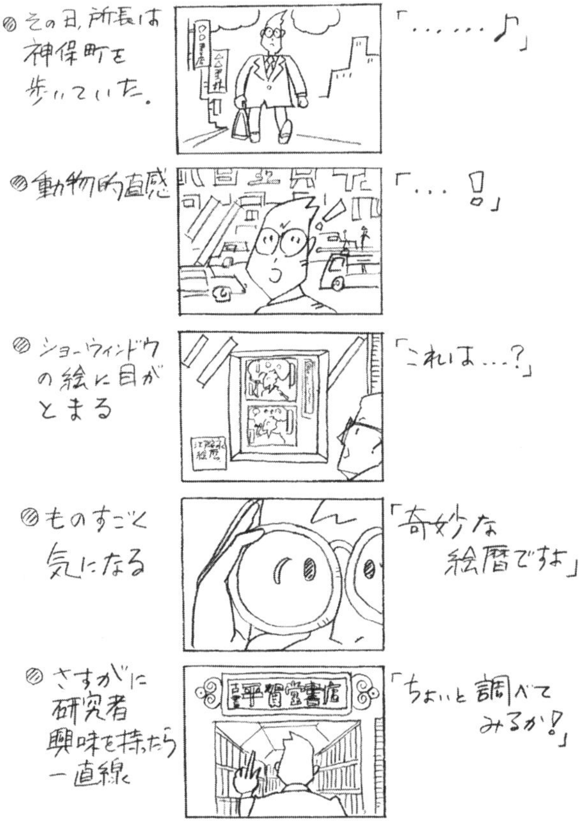

1-1

謎の絵暦発見

ここは『絵コンテ発想法』を開発し、さらにビジュアルの新たな方向性を探究し続けるビジュアルコミュニケーション研究所。

スミレ「何ですかそれ？ もしかして、また燃えるゴミの中から勝手に持ってきたんじゃないでしょうね。この間もビルの管理人のおじさんにイヤミ言われましたよ。お宅の所長がいつもゴミあさりして困るって。あの人、暇だし執念深いから、監視カメラ見てチェックしているんですからね」

所　長「ああスミレくんか。違うよ、これはちゃんと買ったんだ。実はね、打合せの帰りに神田の神保町を歩いていたんだ。そうしたら書店のショーウィンドウに目が留まった。それがこれなんだけれど、なんかちょっと絵コンテに似ていると思わないかな？ しかも『異刻遠鏡絵暦』なんて意味深なタイトルがついているじゃないか」

スミレ「エゴヨミ？」

所長 謎の絵暦に出会う!

◎その日, 所長は
神保町を
歩いていた。

「……♪」

◎動物的直感

「…!」

◎ショーウィンドウ
の絵に目が
とまる

「これは…?」

◎ものすごく
気になる

「奇妙な
絵暦ですよ」

◎さすがに
研究者
興味を持ったら
一直線

「ちょいと調べて
みるか!」

1-2

絵暦とは？

所　長「そうエゴヨミと言う。絵暦とは大の月、小の月を知るために作られた、要するに江戸時代のカレンダーだね」

スミレ「その大の月、小の月って何ですか？」

所　長「現在使われている太陽暦（グレゴリオ暦）とは違い、江戸時代には月の満ち欠けを基準とした太陰暦を使っていたんだ。そして太陰暦では大の月は30日。小の月の場合は29日となる。しかし、大陰暦ではその年ごとに何月がどちらになるかが違うため、それを表した絵暦が作られたんだ。どうやら文字だけの絵暦や絵入りの絵暦など色々あったようだね。わかった？」

スミレ「…全然」

所　長「歴史が苦手なスミレ君にはちょっと難しすぎるかも知れないね。まあそんなわけで、江戸っ子は洒落が好きだから、なんでも遊びにしてしまう。次第に謎かけのような変わった絵暦を作って競う交換会が行われるようになり、それがどんどんと進化して、多色摺の技術が発達し、絵師の鈴木春信が錦絵に発展させたそうだ。春信と江戸時代の発明家平賀源内はなんと隣人同士で、源内も錦絵の発展に一役買っていたという話も残っている」

スミレ「平賀源内って、ウナギの人ですよね」

所　長「ウナギ？そうか土用の丑の日のことか。そういうことは知っているんだね。驚いたよ」

Part 1. 江戸時代にタイムスリップして「絵コンテ」発想法を身につけよう！

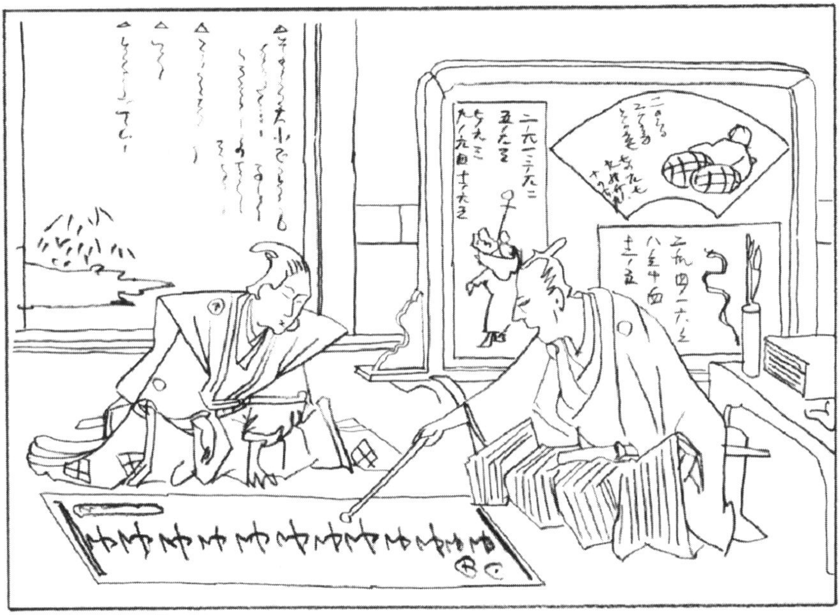

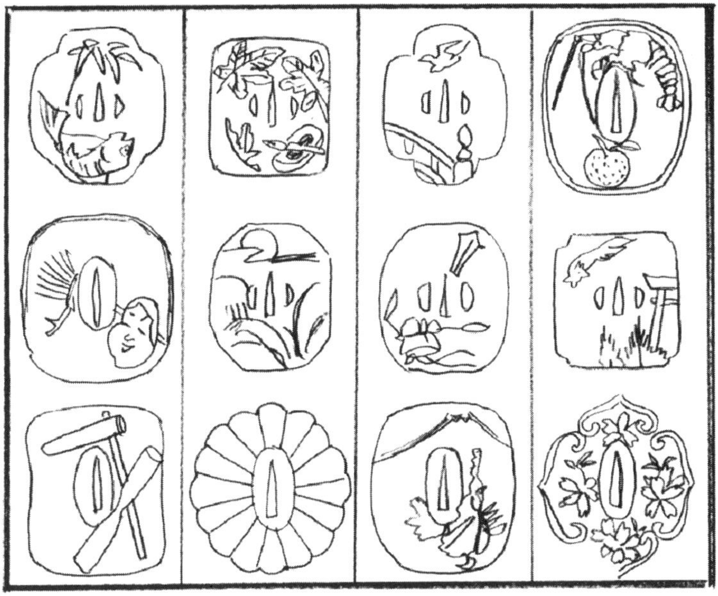

1-3

平賀堂書店

　ショーウインドウの絵暦が気になった所長は、早速平賀堂と書かれた書店に入り、調べてみることにした。

　奥の薄暗い帳場では、山羊髭を生やした店主が暇そうに煙草を吹かしている。所長はまず自分の研究内容を説明し、次に例の絵暦について尋ねてみた。

「それにしても絵コンテ発想法とは、また変わったものを研究されていらっしゃいますな。それで先生のお見立てでは、あの絵暦と絵コンテが似ているので、もしかしたら何か関係があるのでは、とお考えになっているわけですね」

　蜘蛛の巣が張った天井を眺めたまま煙草の煙を吐くと、そう言った。

「あれでしたら先日、深川清澄町の知人から連絡がありまして、蔵を整理して古いものがたくさん出てきて、処分に困っているから一度見てくれないかとのこと。行ってはみたものの、案の定ろくなものはありませんでした」

「ただあの絵暦に描かれている人物が私に似ているような気がするので、面白いから引き取ったというわけでして。そうそうあれと一緒に手に入れたものがありましたっけ」

そう言うと、後ろの書棚をガサゴソと探し始めた。確かにこの店主、絵暦に描かれている人物とよく似ている。面白い偶然もあるものだ。そのとき所長はただそう思っただけだった。

「あった、あった。これですよ、これ」

と店主は和綴じの一冊を取り出した。表紙には『異刻遠鏡絵暦扱』と書名がある。

「難しいことはわかりませんが、もしかしたら先生のなさっているご研究にはお役に立つかも知れませんね」

そう言われてみるとなんだが急にそんな気がして、どうしても欲しくなり、結局所長はなにがしかの金を置いて絵暦と本を手に入れた。

書店を後にしたとき、背中を刺すような強い気配を感じて振り返ったが、奥の帳場で店主が暇そうに煙草を燻らしているだけだった。

研究所に戻り、腰を据えて見直せば、絵暦は印刷ではなく、直に筆書きされたものだった。それはよいとして、いずれにしろ江戸時代の品であるはずなのに、まるで昨日今日描かれたように紙も墨色も妙に初々しく、時代を経たものには見えなかった。薄暗い古道具屋で発見した掘り出し物が、いざ白昼の元で眺めてみるといっぺんで化けの皮が剥がれるように。

「しまった偽物……？ また一杯食わされたか！」

テレビ鑑定団に意気揚々と登場して、鑑定の結果肩を落として去って行く巷の骨董好きと同じく、珍しい物好きの所長はこれで何度も失敗している。

「こうなったら意地でも白黒はっきりさせてやる！」

悔しさも手伝って気を取り直すと改めてじっくりと調べることにした。

最初のコマにある安永8年とは西暦に直せば1779年。細い髷を結った男が描かれているが、よく見ればこの絵はどこかで見た記憶がある。そして次のコマには234年後と記されている。つまり2013年の今年だ。こちらに描かれた人物は見れば見るほど先ほど会った平賀堂書店の店主によく似ている。

1-4

『異刻遠鏡絵暦』

1-5

絵暦でタイムトラベル

所　長「謎解きはそこで行き詰まってしまった。結局、いくら考えても何のことやらさっぱりわからない。それで一緒に手に入れた『異刻遠鏡絵暦扱』を何気なしにめくっていると、とんでもないことが書かれているではないか。スミレくん、実は絵暦は本とワンセットではじめて意味を持つことが判明した。この本はつまりマニュアルだ。しかも普通のマニュアルじゃないぞ。絵暦を使ったタイムトラベルのマニュアルなのだスミレくん！
そしてこの絵暦こそタイムマシンその物なのだスミレくん！
これが本物なら人類史上まれに見る大発見だぞスミレくん！」

スミレ「いちいちスミレくんと言わないでください。そう言えば、この間の『伊賀流錬金術秘伝』とかでも興奮して同じこと言ってませんでしたか？」

所　長「いや面目ない。確かにあれにはまんまと騙されてしまった。だが今度ばかりは絶対に本物だ。だって具体的にタイムトラベルの方法が書かれているのだから。本物か偽物かは実験してみればすぐにわかる。だから早速ここに書かれているとおりにやってみようと考えていたところだ。これによると、まず過去に行くときは自分の意識がその時代の誰かさんに乗り移る仕組みのようだ。『マルコビッチの穴』という映画があったけれど、要するにあれと同じだな」

スミレ「ふーん。どうでもいいけれど乗り移られた相手はいい迷惑ですね」

所　長「ふーんて、なんだか気のない返事だね。まあいいか。それについてふと思い当たったことがある。きっとスミレくんも経験があるだろうけれど、ときどき自分が自分でないような、自分の中に誰かいるような気分になるときがあるよね。つまり、あれはタイムトラベラーに乗り移られているときなんじゃないかってね」

スミレ「確かにそう言われてみればそうですね。ちょっと気味が悪い話ですね。でもそんなことして、ちゃんと戻ってこられるのですか？」

所　長「その点もちゃんとこの本に書いてある。なんでも行った先の時間で三ヶ月が経過すると自動的にタイマーが切れて元に戻るようになっているらしい。しかも出発地点ではほんの一瞬の出来事にしか感じないらしい」

スミレ「さっき過去と言ってましたが、未来はどうなんですか？」

所　長「えらいぞ！さすがスミレくんよく気がついた。実はそこがこのタイムトラベル最大の弱点だ。未来へは行ったが最後、後には戻れない片道切符。まあでも考えようによってはその方がよいのかもしれないね。だって下手に未来なんか知って、もしもそれが最悪だったらたとえ戻ることができても、その後の人生、夢も希望もなくなってしまうからね」

スミレ「それって安っぽいタイムトラベル小説と同じように、さしずめタイムパラドックスの辻褄を合わせるためのこじつけのような気がしますね」

所　長「まあいちいちそんな細かいことは気にするな！とにかく善は急げ。早速実験してみようではないかスミレくん」

スミレ「つまり、私は『時をかける少女』になるのですね」

所　長「少女って、…まあいいか。ところでスミレくんならいつの時代に行ってみたいかな？」

スミレ「できれば平安時代に行って、光源氏さまにお会いしたいですね」

所　長「それは無理。だって光源氏さまは紫式部が書いた源氏物語の主人公だから実在しません。言いたくないけれど、スミレくんは歴史駄目だね。だから私に任せなさい。私は江戸時代に行って写楽の謎に迫りたい！」

スミレ「シャーロック・ホームズって日本人なんですか？」

所　長「シャーロックじゃない、シャ・ラ・ク！写楽はわずかの期間活躍して忽然と消えた謎の浮世絵師だ。これまでに多くの人々がその謎を追っているが、いまだに結論は出ていない。それをこの目で直に確かめてみたいのだ」

スミレ「そうすると江戸時代の人に乗り移るってわけですね」

所　長「当たり。この本にはちゃんと行きたい先々での乗り移り候補がリストアップされている。ほら、まるで地球の歩き方と同じだな。調べたら、写楽がデビューした寛政6年（1794年）に深川の佐賀町で私たちぐらいの親子が寺子屋をやっている。これはおあつらえ向きだ」

スミレ「でも風俗店は嫌です」

所　長「勘違いするな。寺子屋とは今の学習塾みたいなところだ。そこで絵コンテ発想法を教えるのだ。江戸時代に絵コンテ発想法なんて超クールだろ。私は帯腕毛野火と名乗り師匠になる」

スミレ「それってスターウォーズのジュダイの騎士ですよね。それじゃ私はさし当たりレイア姫かアミダラ王女ということで」

所　長「いや、スミレくんはそのまま、ただのおスミでよいだろう。さあ出発だ！」

スミレ「そんな急に言われても今夜は合コンの予定だし、お泊まりセットも用意してませんが」

所　長「なに？合コン。そんな話は聞いていないぞ！まあ私が興奮しても仕方がない。とにかくこのタイムトラベルは一瞬の出来事だからね。今夜の合コンなんか余裕で間に合う。どうせろくな男はこないだろうが。それに何も持って行けないから、お泊まりセットもいらない。それではまず、絵暦の１コマ目には出発時点の時間と移動する人間を描き、次のコマに行きたい時間と場所とそこにいるイメージを描き入れるとある。こんな超アナログで本当にタイムトラベルできるのだろうか？バック・トゥ・ザ・フューチャーのデロリアンと比べると貧乏臭いけど、とにかくこれでオーケーのようだな。スミレく〜ん…何か……感じる…かな〜…」

異刻遠鏡絵暦
平成二五年
ビジュアルコミュニケーション研究所
VISUAL C MMUNICATION I
江戸へ行くど〜
寛政六年
屋子寺新
絵こんて発想法
指南処
江戸へ来たど〜

1-6
発想レッスン：絵暦タイムトラベルに挑戦

こうして二人は江戸に旅立って行きました。さて、せっかくですから私たちも現代の絵暦、つまり絵コンテでタイムトラベルを体験してみましょう。難しいことはありません。紙と鉛筆があればOKです。先ほど所長がやったように、現在の自分と行ってみたい時代にいる自分の姿を想像して描いてみましょう。

ここで重要なのは、タイムトラベルした先での自分の姿を現実のようにありありとイメージして思い浮かべることです。しばし目を閉じて空想してください。本当に自分の行きたい時代に行ったつもりで周囲を見回し、歩きまわり、手で触り、周囲にいる人々と接してみて下さい。そのイメージを絵コンテの間の3コマに描いてください。あくまで空想ですから、なんでもありです。言いたいことを言ってやりたいことをやってください。

これは一種のゲームです。馬鹿馬鹿しいと思ってしまったら、その時点でゲームオーバー。まだ理性が邪魔しています。このゲームは潜在意識（無意識）にアクセスする、つまり心の扉を開く感覚を取り戻してもらうためのリハビリテーションです。

平安時代で美人に会う

単純な若者が
不純なことを
考えています

「歴史上の美人といえば
やっぱ小野小町
だよな。
平安時代へ行こう！」

時代によって
美の基準は
変ります

「えっ、これが
小野小町だって？」

自業自得

「早く元の時代に
帰りたいよ〜ん」

平安時代の
ブスがいじめに
あっています

平安のヤング
「ブッス〜
あっち行け！」

捨てる神あれば
拾う神あり
めでたし
めでたし

「お前らアホか、
スゲエ可愛い…じゃん！
やっぱ来てよかった
♪」

1-7

発想のヒント：絵を使ったアイディアノート

・裸の王様になっていませんか？自分を取り巻くパラダイムを客観的に眺めてみましょう。

・発想は、普段は見落としている身近な事象に気づくことから始まります。

・日常生活で遭遇するちょっとした疑問、不思議、違和感など、バカバカしいと無視せずに、じっくりと観察する習慣を身につけましょう。

・大きなアイディアも、ほとんどそんな習慣から導き出されるのです。

・そのときは役に立たなくても昆虫採集の要領で、普段から小さな部分を収集しストックしておきます。
・天才ダヴィンチでさえ、観察してイメージした断片をアイディアノートに書き留める習慣を怠りませんでした。
・そして、ダヴィンチは絵を使いました。文字だけだと後から読み返して意味がわからないことがあります。
イメージを呼び覚ますにはビジュアルが向いています。いつ見ても発想したときの状況がありありと浮かんでくるからです。

Part. 2

寺子屋で、まずは「絵コンテ」入門

江戸時代で「絵コンテ発想法」の指南所を始めたスミレと所長。早くも希望者がきたようです。「絵コンテ発想法」の良いところは、紙と筆（鉛筆）があれば、誰でもできるところですが、いきなり実務に役立てようと思っても、上手くはいきません。肩の力を抜いて、あなたもパソコンのない、のどかな江戸時代に行った気分になって、まずは紙と筆だけで「絵コンテ」を描いてみましょう。手ごろな紙がなければ、ほら、本書のはじめについていた「絵コンテ用紙」を使ってみましょう。もちろん、絵コンテ用紙はコピー自由ですよ。

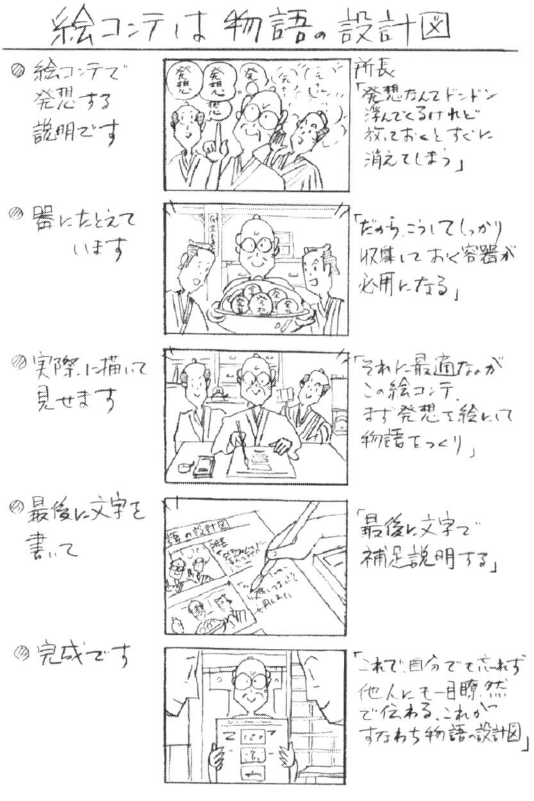

絵コンテは物語の設計図
◎絵コンテで発想する説明です
所長
「発想なんてドンドン浮んでくるけれど放っておくとすぐに消えてしまう」
◎器にたとえています
「だから、こうしてしっかり収集しておく容器が必用になる」
◎実際に描いて見せます
「それに最適なのがこの絵コンテ。まず発想を絵にして物語をつくり」
◎最後に文字を書いて
「最後に文字で補足説明する」
◎完成です
「これで、自分でも忘れず他人にも一目瞭然で伝わる。これがすなわち物語の設計図」

寒も緩み木々に鮮やかさが戻りはじめた春先の午後のこと。日本橋の版元蔦屋耕書堂の絵師見習い翔吉が、小名木川にかかる萬年橋の欄干にもたれ、大川へと続く流れを見つめていた。橋の下をさまざまな舟が絶え間なく行き来しているので、その様子を眺めていれば飽きることはなかった。

「よう翔吉、相変わらずぼんやりしているな。ところで今日は何か用か九日十日ときた」急に背中を叩かれ、我に返ると幼なじみの隼二郎がおどけた様子で立っている。

「ずいぶん待たせるじゃねえか、すっかり痺れを切らしちまったぜ」と翔吉はわざと苛立って見せた。

「仕方ねえだろう。間が悪いことに、出がけにおとっつあんに見つかってしまってさ。なにいつもあれよ。言うことは決まっている。お前の兄貴がこのふな膳の暖簾を守るために、酒を飲まないどころか寝食も忘れて必死に頑張っているのに、次男のお前ときたら何だ。芝居ばかりにうつつを抜かして道楽三昧。昼間からぶらぶら遊び回っていて。料理の腕はあるんだから、板場を手伝って少しでも兄貴の力になろうとは思わないのか！ときたもんだ。例によって十八番の結構な小言をたっぷりと頂戴していたとこういうわけよ」

隼二郎は悪びれもせず答えた。

「まったく呆れるぜ。確かにお前の兄貴は堅物の石部金吉様だが、次男のお前ときたら全くの正反対、ちゃらんぽらんの遊び好きときている。親父さんがヤキモキするのも無理はねえな」

「そこが問題なのよ。俺だって料理屋のせがれだ。門前の小僧じゃねえが、料理に関しちゃ子どもの頃からの見よう見まねで、腕前は兄貴よりも自信がある。だから家業を手伝うのはやぶさかじゃねえけれど、どう考えてもあの兄貴とじゃ反りが合わねえ。だからもう少し経ったら家を出て、俺は俺のやり方でやっていこうと考えているんだ」

隼二郎が自分に言い聞かせるようにそう言うと、

「そうかいそれはよかったな。まあ頑張れや！それはそうと時間がもったいねえ。早速行くとするか」と、翔吉はさっさと歩き出した。

慌てて後を追いながら隼二郎、
「行くってどこへ？芝居ならいいけれど、仲（吉原）へ繰り出すにはまだちょいと早いぜ」
「そんなんじゃねえよ。いいからちょっとつき合ってくれ。今度習いごとをはじめようかと思ってんだ」
「よしなよ。お前は飽きっぽくて、いつも続いた試しがねぇんだから」
「嫌なこと言うない。今度ばかりはそんなのとは違うんだ。実は佐賀町の寺子屋が大人相手に絵コンテ発想法指南てぇのを始めたそうだ。こう見えても俺も絵師の端くれ、面白そうだからちょいと冷やかしに覗いてみようって算段よ」
「絵師とは聞いて呆れるぜ。まだぺえぺえじゃねえか。だいたい何だいそのなんとか発想法てぇのは？名前からして怪しいぜ。変な宗教に勧誘されても知らねえぞ」
「よくはわからねえが、何でも南蛮渡来の大変奥が深いものらしいぜ。だからおめえも一緒にどうだと思ってよ！」
「やなこった。どうせ一人じゃ心細いんだろう。その手は桑名の焼きはまぐりだ」ベタな地口を恥ずかしげもなく口にする脳天気な江戸っ子、隼二郎だった。

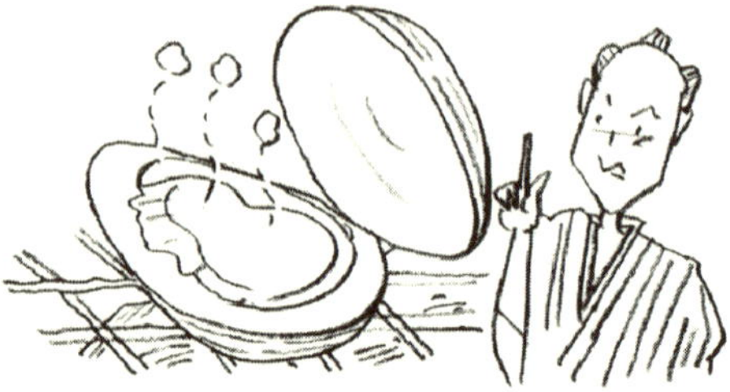

さてここは佐賀町の裏長屋。もともと暇をもてあましている隼二郎、物見高さも手伝ってか結局、翔吉についてノコノコとやってきてしまった。

戸口の脇には「新寺子屋絵コンテ発想法指南処」と書かれた墨色も真新しい看板が掛かっている。

ところがなぜかここまで来て、翔吉は急にもじもじしはじめた。そのとき、いきなり障子が開き、中から色白な娘が顔を出したのだ。祥吉があわててそっぽを向くのを目ざとく見逃さなかった隼二郎が、「なるほど、お前のお目当てはどうやら稽古じゃねえな」と目配せをして言った。

「まったく間が悪いぜ」イタズラを見つけられた子どもの顔で翔吉が呟いた。

「ちょっとあんたたち、そこで何やってんの。訪問セールスお断りだからね！」

「え、セルス？」

姿はすっかり江戸の娘の態ではあるがスミレだった。

「実はこの野郎が是非こちらでご指南賜りたいとのことで、どうか先生にお取り次ぎ願えませんか？」

相変わらずどきまぎしている翔吉を差し置いて隼二郎が取りなした。

「なんだ、それならそうと早く言ってよ！所長じゃなくて、え～と師匠。早速習いたいって人たちがきましたけど」

「それはそれは、さあどうぞこちらにお上がりください」中から男の声がした。

言われるままに翔吉が中に入ると、長火鉢の向こうに座した中年の男が翔吉の後ろを見て尋ねた。

「おや、あちらの方はお連れさんですか？」

振り向くと隼二郎がまだ戸口から顔だけ覗かしている。

「あれですか？あいつはお連れさんってほどのもんじゃありません。ただ一緒に来たんで」と翔吉が答えると、

「それじゃお連れさんですよ。どうぞお連れさん、一緒にこちらに
お入りください」

師匠が手招いた。

「いや俺のことはうっちゃといて、そいつを早くやっちまっておくんなさい。どうせろくなことはできやしないんだから」
　隼二郎そう言い終わる間もなく、急にバランスを失ってよろよろと土間にいる翔吉を通り越し、さらに上がり框につまずいて師匠のいる長火鉢の前に転げ込んだ。なんと後ろからスミレが突き飛ばしたのだ。

「なにしやがんだ！」
「今さら何を四の五の言ってんの。いつの時代も男って優柔不断なんだから！」
こうして所長とスミレ、改め師匠とおスミの江戸での“絵コンテ指南”が始まった。果たしてこの先、上手くやっていけるのだろうか？
少々暗雲立ちこめる気配がする。

2-1

絵コンテ発想法入門

所長の前には、相変わらず緊張気味の翔吉とスミレの一押しで、すっかり仏頂面になった隼二郎がいた。所長はそのようすを見て少しは場を和ませようと、

「スミや、お茶でも入れておくれ」と呼びかけた。

「さっきからそのつもりでなんですけれどね、やっぱコーヒーとかないですよね。江戸時代には」

「あのね、お願いだから余計なことは言わないようにしようね！スミレくん、じゃなくてスミ」

所長は動揺を見せまいと、空咳をして二人の方に向き直った。

「さてと、挨拶がまだでしたな。私がこの絵コンテ発想法指南処で師匠をしております帯庵毛野火。そしてあれが娘のスミです」

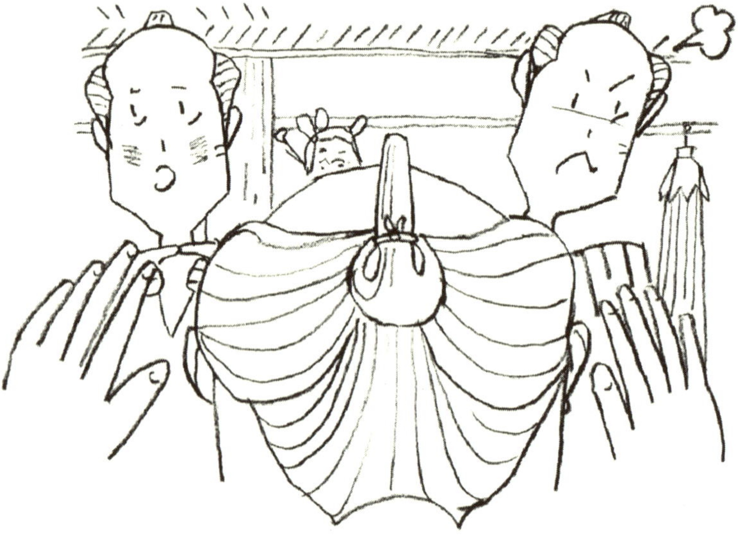

スミレの視線を感じて翔吉は再び緊張して頬を赤らめた。

「私は日本橋通油町の蔦屋耕書堂で絵師見習いをしております翔吉。そして先ほどから失礼千万なこの野郎は、高橋の海辺大工町にあるふな膳という料理屋のせがれ隼二郎と申します」

所長の目がキラリと光った。

（なんとこの翔吉とやらは、歌麿などのビッグネームを世に出した浮世絵の版元蔦屋に出入りしているのか。こいつは最初から幸先がよい大ヒットだ。面白い展開になりそうだぞ。）

「そうですか。翔吉さんが絵師見習いとは、これはまた好都合。しかも蔦屋さんは版元としても一流どころの大店。さぞや活気のあることでしょう」

「それが、最近立て続けに色々なことが起こりまして、お店も以前のように順調というわけではなくて……」と翔吉が口を濁した。

〔翔吉が言っているのは、寛政の改革により風紀取締りが厳しくなり、今から3年前の寛政3年（1791年）に山東京伝の黄表紙が摘発されて手鎖50日の刑となり、蔦屋自身も過料の処罰を受けたという例のあれだな。そして今年、寛政6年（1794年）5月にその蔦屋から謎の絵師写楽がデビューすることになっている！〕

所長は心を躍らせた。

「商いに多少の波はつきものですからね。悪いときにどれだけ持ちこたえられるかが商人の才覚。蔦屋さんなら心配ない。なにじきにお店も以前に増して盛り返すことでしょう。ところで隼二郎さん、あなたは絵の方はいかがですか？」

「俺はまだ習うとか言ってねえし……」

ふてくされ気味にそう言ったとき、ちょうど湯飲みを置いたスミレと目が合った。その目が睨んでいる。

（……まったくなんて気が強い娘なんだ、頭にくるぜ。でもそれがまたなんとも言えなく可愛いんだよな。）

実のところ、おてんば娘に滅法弱い隼二郎だった。所長はそんな隼二郎の微妙な男心にはまったく頓着せず勝手に話を続けた。

「いやご心配には及びませんよ。どなたもはじめは絵を描くことで尻込みします。そこで当指南処ではまず最初に絵を上手く見せるコツを教えています。それさえ心得ていれば、人前でも自信を持って絵が描けるという秘伝の優れ技です。

隼二郎さんのご実家のふな膳さんは確かあさり料理の老舗として深川界隈では有名ですね。よく料理は器で食わせると言いますが、料理屋さんの料理は普段のお総菜とは違ったハレの料理。だから味はもちろんのこと、舌で味わう前に見た目の美しさを華やかに演出する見栄えが重要です。それもすなわち絵心ですな。要するに料理作りにも絵心は欠かせません。これからは献立の品書きにも絵を添えるなどして、色々見た目の新しさを工夫なさってみてはいかがですか。きっとお客様にも喜ばれるはずですよ」

（なるほど、それは面白い）と隼二郎は絵が添えられた華やかな献立を思い浮かべていた。（きっと料理と共に宴席でも話題になるぞ！）帰ったら早速父と兄に提案してみようと思った。

気がつくと師匠はすでに紙と筆を用意していた。

「それではまず絵コンテ発想法とはいかなるものか、簡単に説明して参りましょう。ところで、お二人ともお芝居はご覧になりますか？」

隼二郎の目が輝いた。翔吉がそれを横目で見て笑いながら言った。

「隼二郎ときたら、三度の飯より何とかと言うくらいの芝居好きです」

「それはよいご趣味をお持ちですな。それならば説明がしやすい。さて、ここではお二人が歌舞伎芝居の作者だとお考えください。芝居の作者はどのように物語を作っていくかといえば、まず最初に物語の流れができるきっかけを考えます。要するに何か問題が起こるわけですね。仮名手本忠臣蔵で言えば、高師直のいじめに耐えかねた塩谷判官が師直を松の廊下で斬りつける辺りがそれです。そこから最終的に四十七士の仇討ちに至るまでの物語の流れを作っていきます。そして各段ごとに舞台の背景、役者の所作や語り、道具などを決め、それを台本という形で書き留めていくわけです」

勧進帳誕生秘話？

◎初代市川團十郎
次回の台本を
考えています

團十郎
「何も思い浮かばない」

◎まったくの
白紙

「これはちょいと
まずいな」

◎もうすぐ
発表なのに
白紙です

「とりあえず
それらしいこと
言っておくか」

◎何か思いついた
ようです。いわゆる
ポジティブシンキング

「そうだ！
これでいいんだ
それらしいこと言う
芝居だ」

◎こうして「勧進帳」
の原型が
できたかは
定かではない
のだが…

弁慶
「何と、勧進帳を読めと
仰せ候うな…」
富樫
「いかにも！」

「絵コンテも基本は同じです。大きな違いは、心に浮かんだ場面を実際に目で見ているように、一幕ごと絵にして表現することです」

そう言いながら、所長はさらさらと台本の内容を目の前で描いて見せた。

「確かにわかりやすい気がするけれど、文字だけの台本では不都合なんですか？」

と隼二郎が質問した。

「物事はすべて一長一短でしてな。文字の台本は人の感情など、心の内面を表現するのには最適ですが、場面設定や衣装などの見た目をずばり具体的に表現するのは苦手です」

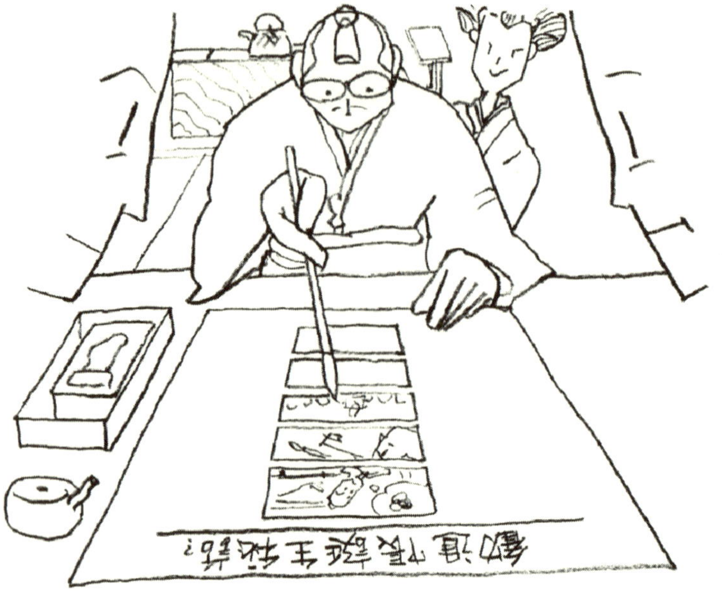

「文字の台本と絵コンテの大きな違いは、言葉と絵が持つ記号としての役割の違いです。例えば言葉で女性と言えばわかった気になるけれど、実際はどんな女性だか全然わからない。年齢は？容姿は？服装は？などなど、さまざまな言葉を加えていかないと差別化ができない。その点、絵は一目瞭然でどんな女性かを具体的に表現できる。もう一度整理すると、言葉は外観を具体的に表現するのは苦手だけれど、内面つまり心の中を表現するには最適です。逆に絵は見た目の表現は得意だけれど、人間の細やかな心の動きなどは表現できない。そこで、この言葉と絵の利点を最大限に活用したのが絵コンテなのです」

芝居の台本がもし絵コンテで描かれていれば、役者はもちろん裏方も自分のやることが具体的にわかって便利だと思いませんか。だから、我々の方では絵コンテのことを、映像の設計図、おっと違った、物語の設計図と呼んでいるのです」

「ところで絵コンテは、実際にどんなことに役立つのでしょうか？」

翔吉の問いに所長の目が眼鏡の奥でキラリと光った。

「よくぞ聞いてくれました。ずばり発想の道具として役に立つのです。そして、あくまで道具ですから、いくら論理的に優れていても難しかったり、使い勝手が悪くては意味がありません。絵コンテとは私たちが思い浮かべたものを具体的な形で目に見えるようにする道具。つまり発想の設計図です。それが絵コンテ発想法と呼ばれる由縁です。絵コンテを使って発想するのは未来を覗くのと同じこと。たとえ今はまだなくても、頭で想像したものをはっきりとこの目で見ることができるのです。幸いこの江戸にも絵コンテと共通したすばらしいものがあります。ほらそこに張ってあるでしょう」と壁を指さした。

絵コンテは物語の設計図

◎絵コンテで
発想する
説明です

所長
「発想なんてドンドン
浮んでくるけれど
放っておくとすぐに
消えてしまう」

◎器にたとえて
います

「だから、こうしてしっかり
収集しておく容器が
必用になる」

◎実際に描いて
見せます

「それに最適なのが
この絵コンテ。
まず発想を絵にして
物語をつくり」

◎最後に文字を
書いて

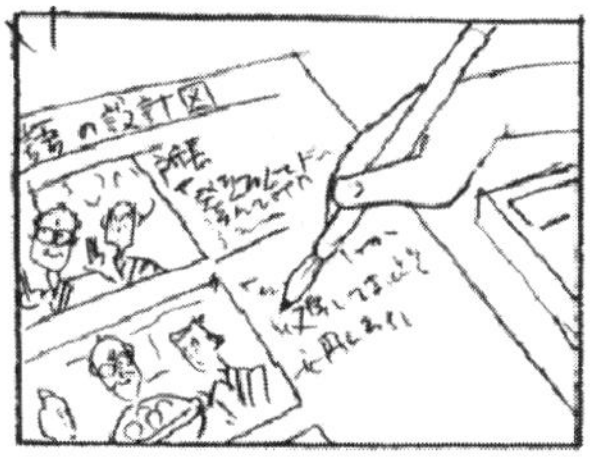

「最後に文字で
補足説明する」

◎完成です

「これで、自分でも忘れず
他人にも一目瞭然
で伝わる。これが
すなわち物語の設計図」

「お言葉ですが、あれは只の絵暦ではありませんか？」
と翔吉が尋ねた。

「その通り。皆さんご存じの通り絵暦は一見何でもない只の絵ですが、そこには判じ物としてその年の暦が秘められている。このたぐいまれなイマジネーション、洗練されたインスピレーション。この発想こそ絵コンテが持つコンセプトなのですぞ！」

所長は興奮してまくし立てた。

「ところで先ほどから先生がおっしゃってるイマジーとかインピとか一体全体何のことでしょう？恥ずかしながらチンプンカンプンです」

隼二郎が申し訳なさそうに呟いた。

そのやりとりを見ていたスミレが鼻で笑って言った。

「師匠は興奮すると、ときどき意味不明な言葉を使うの。でも気にしない方がいいよ。どうせ大した意味はないから」

「それをスミレくんに言われたくないけれど、確かにそうですな。これは大変失礼しました。要するに絵暦には絵の中にその年の大小の月という別の意味が込められている。そしてそれを読み解くことが楽しみでもあり、発想力を鍛える訓練にもなる。私が教えている絵コンテ発想法も使っている間に、絵暦と同じように気軽に楽しみながら、発想力が身についていくと言いたかったのです」

「楽しみながら、発想力を鍛えるとはつまりどういうことだ……」

隼二郎はどうもまだ腑に落ちないようすだ。

2-2

発想のビジュアル化：絵は感性を呼び起こす

もしこの世に絵や写真などの視覚情報がなく、表現手段や伝達手段が言葉だけだったらどうなっているでしょう？町中の交通標識も看板もディスプレイもすべて文字ばかり。絵本もマンガもイラストもテレビも映画も存在しない世界。外国人やまだ文字が読めない子どもはもちろん、普通の大人にとっても悲しいくらいに殺風景で味気なくしかも不便ですね。（ちなみに香港の九龍などは文字の看板ばかりですが、どぎつい色彩と数の多さで逆にアートの様相を呈していますが…。）

実際に文字を使って表現しながらこんなことを言うのは変だと思われるかもしれませんが、そもそも言葉や文字は実体のない抽象化した記号です。だから言葉自体には何の意味もありません。そして未知の外国語のようにその言語を理解できなければ、単なる音声であり、文字も模様としか感じることができないのです。

その点、絵のような視覚情報は心象として直接人間の感情に訴える力を持っているのです。

星の王子さまの冒頭で作者のサン・テグジュペリが子ども時代のエピソードを取り上げています。彼は6歳のとき、ジャングルのことを書いた本に驚きました。その中には獣を飲み込もうとしているウワバミの絵が描かれていたのです。一体ジャングルの中で何が起こっているのか空想が広がり、やがて人生で初めての絵を描くに至りました。それが例の象を飲み込んだウワバミの図なのです。結局大人には通じませんでしたが、絵は見て感動し、そこからさらにイメージが広がっていく。理屈ではなく、子どものような感性を直に呼び起こしてくれるのが絵の力です。

さらに、たとえ相手が幼児や外国人でなくても、知らない物事を言葉だけで説明するのは大変です。そんなとき、絵や写真が添えられていたら一目瞭然です。雑誌や書籍に絵や写真が使われるのも当然と言えば当然なのです。

2-3

発想レッスン：言葉を使わず絵で伝える

言葉の通じない外国人に伝えるとしたらあなたならどうしますか？
絵を使ったコミュニケーションにチャレンジしてみましょう！

犬 ➡

猫 ➡

木 ➡

山 ➡

雲 ➡

絵の利点とは？

- そういえば絵を使うことに、どんな意味があるのか？

所長「ところで、そもそも絵の利点とは何ぞや？」

- いきなりハードルが高い

「たとえばこのチョンマゲを知らない外国人にどうやって説明する？」

- なるほど一応何だかわかる気がします

「会話ができなくても絵を使えばわかってもらえる」

- スミレくんがひとこと

「風鈴やうちわも絵で見せた方がわかりやすいでしょ！」

- デレデレ

所長「あれれ…」

2-4

絵コンテに必要な絵：絵を記号として扱う

絵コンテは主にアニメ、映画、CMなどで使われます。どれも映像の設計図としての機能は同じですが、用途によって表現方法がまったく異なります。アニメには描いた絵を重ねて動かすセルアニメと粘土などで作った立体物を動かして撮影するクレイアニメがありますが、いずれにしろひとコマひとコマと絵を作って撮影していく膨大な作業を行う関係上、後戻りができません。そこで制作に関わるスタッフに確実に流れを理解させる指示書としての意味合いが強くなります。実写映像による劇映画の場合でも、最近はCGやSFXなどの特殊効果との合成が多用されるため、あらかじめ仕上がりを想定した設計図として使われています。

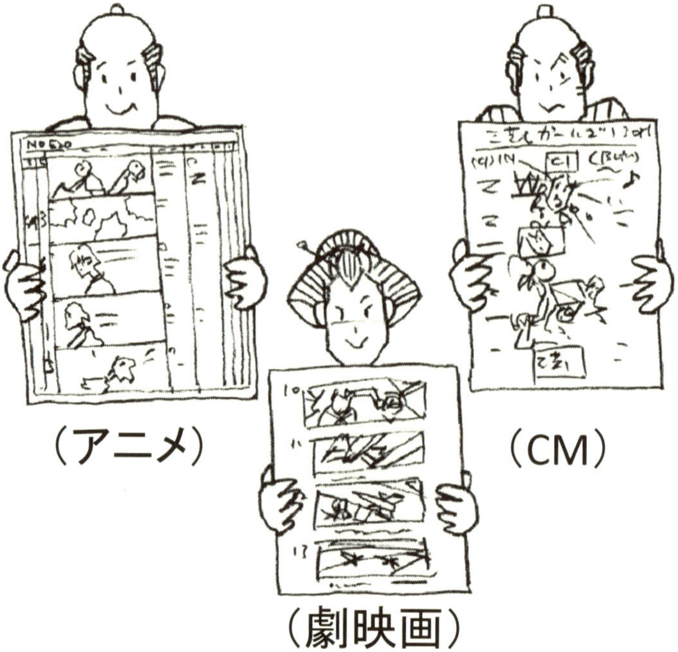

〈これだけでOKなポイント〉

・絵コンテ発想法で使う絵はあくまで図解としての記号です。

・だからデッサンの勉強は不要です。

・絵は線と形がしっかりと描かれていれば下手には見えません。

Part.3

「絵コンテ」を使って発想してみよう

「絵コンテ」は、映像の設計図と言われるくらいで、それだけでも楽しく、使い道が一杯の手法ですが、とくに発想法に使うと、便利この上ないツールとなります。どんな発想でも、効率的に考えを整理できて、しかも簡単な1枚の用紙に収まるのです。これは、元々、絵というものが持っている力のなせる業で、漢字の方が、ひらがなよりも意味を持たせられるのと同じことですが、タイトル、コマ送りの絵、簡単な説明文、そして台詞が1枚になっているのですから、発想法にぴったりなのはおわかりでしょう。それでは、指南処の面々と発想レッスンと洒落こみましょう。

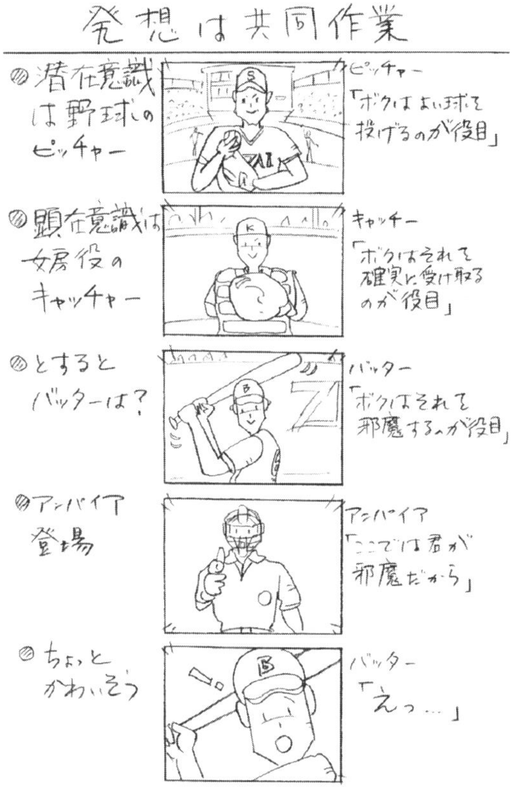

発想は共同作業
潜在意識は野球のピッチャー
ピッチャー
「ボクはよい球を投げるのが役目」
顕在意識は女房役のキャッチャー
キャッチャー
「ボクはそれを確実に受け取るのが役目」
とするとバッターは?
バッター
「ボクはそれを邪魔するのが役目」
アンパイア登場
アンパイア
「ここでは君が邪魔だから」
ちょっとかわいそう
!
バッター
「えっ…」

待ちに待った絵コンテ発想法指南処へ行く日がやってきた。翔吉は午前中一杯でその日の仕事を片づけた。気ぜわしく茶漬けをかき込んで昼飯をすませると、何やら袂に懐紙で包んだものを入れ、日本橋通油町の蔦屋を出た頃にはお天道様が空のてっぺんに上っていた。至るところで梅の花がほころびはじめ、江戸の町は春特有の浮き浮きするような陽気に満ちていた。

浜町から大川にかかる新大橋を渡るとそこはもう深川だ。自分一人なら箱崎町を抜けて永代橋を渡り、左に折れ油堀に架かる下之橋を渡るという手もあるのだが、隼二郎との待ち合わせにはこちらから行くのが一番近道だ。

新大橋を渡るとすぐに一ツ目通りに当たる。この道は、元禄15年（1703年）、忠臣蔵で有名な大石内蔵助ら47人の浪士が主君の仇を討ち、本所松坂町（現在の両国）の吉良邸から回向院を経て永代橋まで雪の中を行進した道である。その一ツ目通りを右に折れ、少し歩けば広重や北斎の絵にも描かれた小名木川にかかる萬年橋がある。その昔、『奥の細道』で知られる俳人松尾芭蕉が庵を構えたゆかりの地でもある。

ここから隼二郎の実家はすぐ間近だ。大川を背にして萬年橋に立って眺めれば、小名木川が下総の行徳までまっすぐに伸びている。その流れに架かる高橋の袂に老舗料理屋ふな膳は店を構えている。近くではあるが、人生をちゃらんぽらんに生きている隼二郎にとって待ち合わせ時間など何の意味もない。唯一几帳面に守るのは芝居の開演時刻に間に合わせることぐらいであった。

浜町
両国・浅草↗
新大橋
大川
(隅田川)
永代橋
芭蕉庵
一ツ目通り
萬年橋
小名木川
高橋
ふな膳
上之橋
仙台堀

待ち合わせの時刻にはまだ早いのに、普段は時間にずぼらな隼二郎が、すでに萬年橋の欄干に肘を突いて待っていた。

「早いじゃないか隼二郎。どうやら今日は親父さんに見つからずに抜け出せたようだな。それにしてもどうしたんだ、ばかにこざっぱりしたなりしているじゃねえか」

料理屋のせがれのくせに身なりに無頓着な隼二郎だが、今日はどうした風の吹き回しか、月代も青々として、粋な羽織を身につけている。

「まあな。他でもない、この間佐賀町の師匠が教えてくれた、例の絵を添えた料理の品書きの話をおとっつあんと兄貴にしてみたんだ。するとな、二人は顔を見合わせて、
『確かにその通りだ。なぜ今まで気がつかなかったのだろう』
と妙に感心しているわけよ。
それで早速、絵が入った品書きをあつらえた。するとどうだい、来る客来る客、誰しも品書きと出てくる料理を見比べて大喜びしているじゃねえか。それで品書きを持って帰った客がまた自慢して他人に見せるから、それがどんどん評判になってしまって、今じゃ料理よりもその品書きを見たさに客が押し寄せてきて、ありがたいことにてんてこ舞いするほどの大繁盛。
そこでおとっつあん曰く、そんな立派な師匠がいるなら、本来であれば自分が習いたいくらいだが、この歳になって、それも難儀。だから指南料は店で出すのでお前が代表で行ってこいという話になったってわけよ、これが。」
隼二郎が自慢げにそう言うと、
「まったくとぼけた野郎だぜ。その絵を描いたのは俺だし、版を起こして刷ったのも蔦屋じゃねえか。忘れたとは言わせないぜ」と呆れた顔で言い返した。
「そうだったけ。どうでもいいけど、お前は江戸っ子のくせにいちいち細かくていけねえぜ。もうちっと太っ腹にならないと、女にも嫌われちまうよ」

今日は隼二郎が先に立って歩き出した。
「ところであの二人、やっぱりかなり変わっていると思わないか？　二人とも時々意味不明なことを言うし、おスミちゃんときたら、まるで男のような口ぶりだ」
と後を追いながら翔吉。
「ああ、あんな娘は初めてだ。こないだも俺の目をきっと見据えて睨みやがった。どれだけ気が強いんだか」
隼二郎が懐の膨らみを押さえて独り言のようにつぶやいた。
大川沿いにしばらく進むと清澄町。安永5年（1776年）江戸時代のレオナルド・ダヴィンチとも称される蘭学者平賀源内がエレキテルの実験をした場所だ。さらに歩いて仙台堀に架かる上之橋を渡ると、そこから先は佐賀町。永代橋まで続く通りの両側には大きな蔵が立ち並び、全国各地の産物を扱う問屋の暖簾がはためき、船から荷揚げする人々の声が響き渡っていた。油堀の手前の火の見櫓を左に折れ、木戸をくぐってお稲荷さんのある路地に入れば、絵コンテ発想法指南処がある長屋だ。

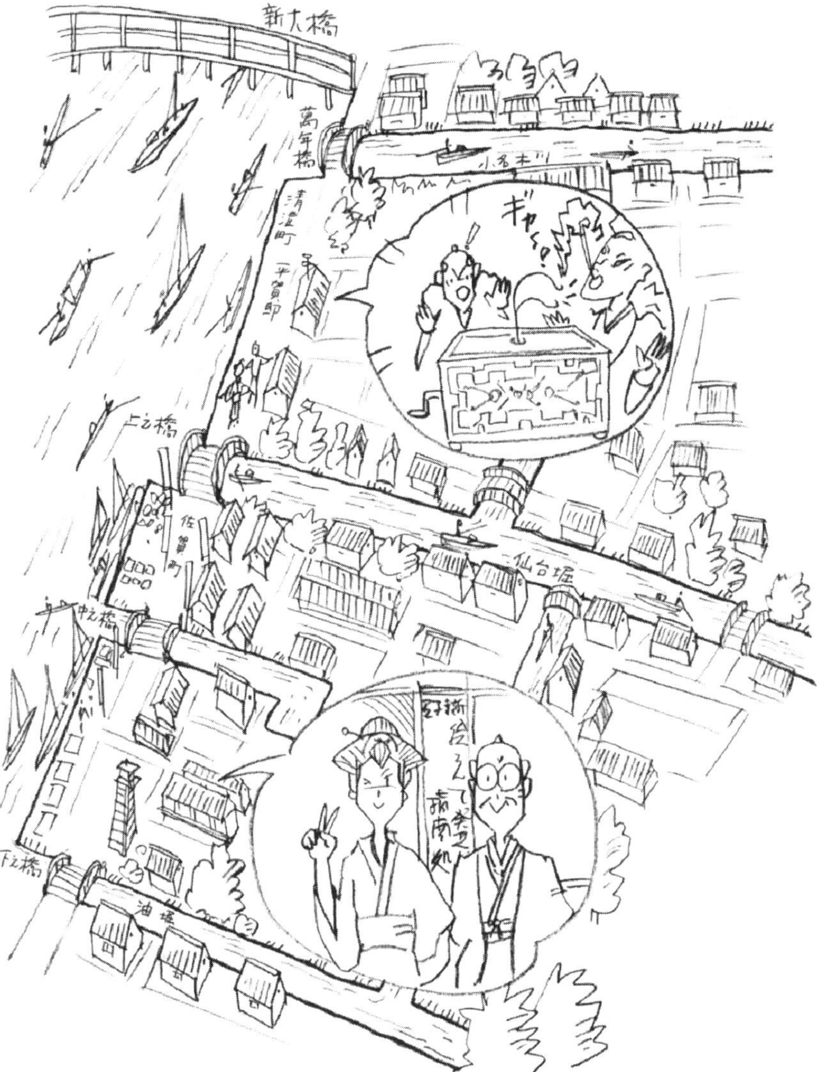
新大橋
萬年橋
清澄町
上之橋
佐賀町
仙台堀
中之橋
下之橋
油堀

「江戸時代って、つまらないところですね……」
先ほどから所在なげに長火鉢の灰を火箸でかき回していたスミレがぽつりとつぶやいた。
「そうかな〜、僕は結構楽しんでいるけれど」
所長は書見台から目を離して、そう答えた。
「だって頭では理解していたけれど、電気も水道もガスもないから、家のことをやるの実際メチャクチャ大変だし、夜は夜で行灯の灯りでは暗くて本も読めないし…。まあ本に関しては、グニャグニャの文字だから、どうせ昼でも読めませんけれどね。所長はそんな字よく読めますね。だから仕方なく寝ようとしても、この髪と枕がとんでもないヘンテコな形しているから寝にくいったらありゃしない」

所長が笑った。

「この文字は変体仮名と言ってね、いろいろな漢字を崩した要するに平仮名なんだ。この時代の人たちは文章の雰囲気に合わせてたくさんの字を使っているんだよ」

「確かに変態ですね。そんな文字平気で使っていられるのは。どこの国の文字よりずっと難しいです」

「そんなわけで手持ち無沙汰でつまらないから外を散歩したりお店を覗いたりしていると、なぜかみんなから変な顔をされるし…。
　さっきも近所のおばさんから、若い娘が用もないのにうろうろ歩きまわるもんじゃないよ！なんて言われちゃって。まったく大きな世話だって～の。でも一番最低なのがトイレかな。もちろんウォシュレットなんて贅沢は言わないけれど、長屋のだけは絶対駄目、あり得ない。あれじゃ外でするのと同じですよ」
と、ため息を漏らした。

「よくまあ次から次へと文句が出てくるもんだね。僕の子どもの頃なんか、田舎へ行くとまだまだトイレはあんなもんだったよ。ところでスミレくんはあの二人の若者をどう思う？」
と所長は話題を変えた。
「江戸時代の男って、もっとたくましいのかと勝手に想像していたけれど、基本的には21世紀と全然変わりませんね。違うのは着ているものとしゃべり方だけ。ちょっと意外だったな。翔吉はオタクっぽいし、隼二郎は見栄っ張りのヤンキーって感じですね」

「ごめん下さいまし。翔吉と隼二郎が参りました」
「おっと噂をすれば影とやら、スミレくん開けてあげなさい」
所長はそう言うと書見台をどかし、稽古の準備に取りかかった。

「おスミちゃんこれ！」
スミレが戸を開けると、二人は同時に懐からなにやら取り出した。見れば翔吉の手には櫛、隼二郎の手にはかんざしが握られている。二人は気まずそうに顔を見合わせた。
「えっ何、これ私にプレゼント！うれしい～」
そう言うとスミレは屈んで二人の前に髷を差し出した。
「お願い、挿してみて！」と急かした。
「参ったな～」と翔吉が言えば、「まったくだ」と隼二郎が返した。二人は言われるがまま、交互に葬式の焼香のようなぎごちない手つきでかんざしと櫛を挿した。

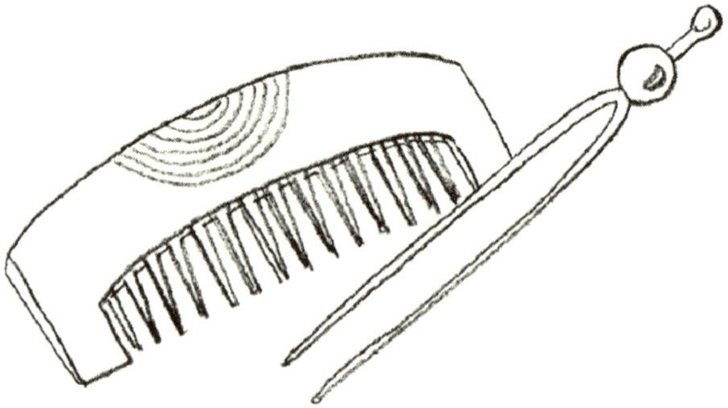

それを見ていた所長は、
「これではまるでオーヘンリーの『賢者の贈り物』と土佐の『よさこい節』をごちゃ混ぜにして、さらに馬鹿馬鹿しくしたような話だな…」と、つぶやいた。

賢者のおくりもの

クリスマスです

ジム
「デラが欲しがっていた櫛だ」

愛する妻のために

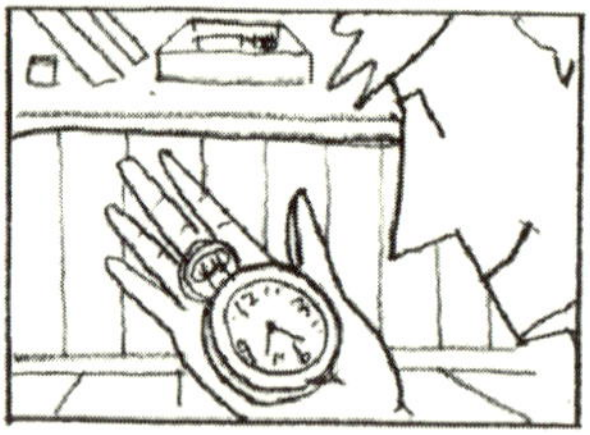

ジム
「時計を売ろう！」

その頃

デラ
「ジムが欲しがっていた鎖だ」

愛する夫のために

デラ
「髪を売ろう！」

All you need is love

ジム＆デラ
「♡」

よさこい節 外伝

◎ 土佐の高知の はりまや橋で かんざしを買う 坊さん

坊さんA 「このかんざし おくれぜよ!」

◎ それを見ていた 子どもたちが はやします

子どもたち 「坊主のくせに かんざしを買っているぜよ!」

◎ 短気な バイオレンス坊主

坊さんA 「欲しけりゃ くれてやるぜよ!」

◎ 任侠坊主

坊さんA 「坊主をなめたら いかんぜよ!」

◎ でも肝心な ことを忘れて います

坊さんA 「ヤバイぜよ. 忘れていたぜよ!」

3-1

発想のマネジメント（北風と太陽）

ところで、スミレに出会ったばかりの頃の翔吉や隼二郎みたいな人、皆さんの周りにいませんか？本当は相手のことが好きなのにオドオドして尻込みしたり、あるいは逆に必要以上に素っ気ないふりをしたり。まったく両極端なタイプに見えますが、表現が違うだけでどちらも根本的に同じこと。要するに顕在意識（自意識）が失敗を恐れて自己防衛している状態です。それでは、せっかくのチャンスを逃してしまいます。

発想もこれと同じで、せっかく潜在意識（無意識）に備わっている発想力を無視し続けていると、やがて良いアイディアが浮かんでも、気づかずに逃してしまう鈍感体質になってしまいます。

そこで、発想をマネジメントするには、まず潜在意識（無意識）との接し方を知る必要があります。簡単です。ヒントは北風と太陽のお話が暗示しています。発想中の潜在意識（無意識）を太陽のように暖かい眼差しでじっと見守ってあげること。どんな非常識で荒唐無稽なことをイメージしていても気にしないことです。

北風と太陽の誤算

北風が言いました。

北風「この世でオレ様が一番強い!」

太陽が言い返します

太陽「一番はボクだ!」

どちらもゆずりません

北風「やるか!」
太陽「よし!」

100年後

北風「旅人通らないな〜」
太陽「まいったな〜」

1000年後

北風「やめましょうか」
太陽「そうしますか」

ただし、このままでは問題があります。アイディアの宝庫の潜在意識（無意識）にも弱点があるのです。発想する感覚が上手くつかめるようになると、まるで水門を開いた満水のダムのようにアイディアが勢いよく放出される瞬間が訪れます。しかしここで注意が必要です。残念なことに、アイディアは空の雲やシャボン玉のようにごく僅かの時間しか留まっていてくれません。出るに任せて放っておけば、あっと言う間に消え去ってしまいます。多分皆さんもそうした苦い経験があるはずです。そうなってからでは後の祭り。

そこで冷静なもう一人のあなた、顕在意識（自意識）の出番です。子どものようにマニアックな潜在意識（無意識）と違って、顕在意識（自意識）は客観的で論理的な判断が得意です。だから、良いアイディアが浮かんだら、ただちに顕在意識（自意識）が記録するのです。潜在意識（無意識）はこの作業が苦手なので、是非とも共同作業が必要なのです。なんでも一長一短ですね。

さて、その共同作業の道具として最適なのが絵コンテです。

発想は共同作業

◎潜在意識は野球のピッチャー

ピッチャー
「ボクはよい球を投げるのが役目」

◎顕在意識は女房役のキャッチャー

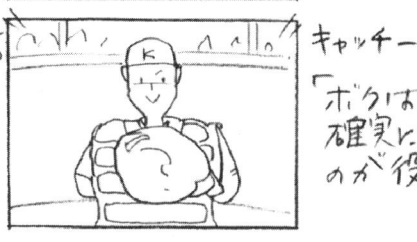

キャッチャー
「ボクはそれを確実に受け取るのが役目」

◎とするとバッターは？

バッター
「ボクはそれを邪魔するのが役目」

◎アンパイア登場

アンパイア
「ここでは君が邪魔だから」

◎ちょっとかわいそう

バッター
「えっ…」

3-2

おスミの秘密

その日、いつものように待ち合わせをした翔吉と隼二郎の二人が萬年橋を渡った頃から急に空が暗くなりはじめ、やがてぽつりぽつりと来たかと思ったらすぐに本降りになった。傘を持って出なかった二人はあわてて駆け出した。

「どうぞ、お入りください」

二人の足音を聞きつけて長屋の中から所長が声をかけた。ここまでの道のりを走ってきたので、さすがの若者でも息を切らしている。二人は肩で息をしながら鬢から垂れるしずくを拭い、薄暗い部屋の中を見回した。

「おや、おスミさんはお留守ですか？」

「スミには先ほど使いを頼んだのでちょうど出かけています。それよりお気の毒にすっかりお濡れになってしまいましたな」

「そうでしたか……」

二人は拍子抜けしたようすで顔を見合わせた。

「なに近くですから、じき戻ってくるでしょう。とりあえずお上がりください」

所長が手招きをすると、

「それじゃ遠慮なく上がらせてもらいます」

二人は長火鉢を間に所長と向き合って膝をついた。

スミレがいないとどうも物足りない。所長はキセルの先を火鉢にかざし、一息吐くと煙の行方を目で追った。若者たちも手持ち無沙汰を紛らわそうと、壁に張られた荒神様のお守り札や縁起物の熊手など神妙な顔つきで眺めている。所長はそんな若者達の落ち着かないようすを見つめている。

しばらく軒を打つ雨音に耳など傾けているうち、いつしか所長に悪戯心が芽生えた。暇つぶしに二人をからかってやろうという気になった。この江戸の若者たちはどちらもスミレくんに惚れているようだ。

そこに鎌をかけてみれば本音が引き出せるかもしれない。こいつは面白い。そしておもむろに神妙な口ぶりで語りはじめた。

「ちょうどあの娘が出かけているのでお話ししますが、ここだけの話として聞き流してくだされ。他でもないあのスミのことです。実を申しますと、私とあの娘は本当の親子ではないのです」

忘れもしない、あれは今から18年前の秋も深まった夕暮れのことでした。私は木場に行った帰り、富岡の八幡さまの前を通りかかりました。

ふと見ると、鳥居の隅になにか置かれていることに気づきました。近づいて改めて見てみれば、赤いねんねこ半纏にくるまれた赤ん坊じゃありませんか。

薄日の残る逢魔が時、回りを見回しても誰も気づくようすもなく、急ぎ足で通りすぎ、周囲にはその子の親らしい姿も見当たりません。仕方がなしに抱き上げると、泣きもせずに私の顔を見てニコニコと愛くるしい笑顔を見せるんですよ。

どうしようかと悩みました。きっと捨て子に違いない。それでも、もしかしたら親の気が変わって戻ってくるかもしれない。でも戻ってこなかったらなどと思いあぐねてしましました。そうこうしながら半時ばかり待ってはみましたが、とても不憫になりましてね。結局仕方なく独り身の我が家に連れて帰ったというわけなのです。

「早いものであれから18年（スミレは本当は24歳。所長が勝手にさばを読んでいる）。毎月縁日にスミを連れて八幡さまにお参りするたびに、もしかしたら親が探しに来るのではと、鳥居の前で待ちましたが、結局それらしい者は一度も現れませんでした。

そんなわけで男手ひとつで育ててきてしまったせいでしょうか、言葉遣いなどまるで男勝り。性格ががさつで困っています。お二人ともさぞや驚かれたことでしょう。あれでは嫁のもらい手が見つかるかどうか心配でなりません」

「そいつはとんと存じませんでした。そうでしたか、あのおスミさんが。先生もさぞやご苦労なさったことでしょう。まったくもってお察しいたします」と翔吉が言った。

「いや、忙しさにばかりかまけて、ろくなことをしてあげられないうちに大きくなってしまいました。強がりばかり言ってますが、あれで本当は気の優しい娘なんです」

「生まれや育ちがどうだろうと、あの竹を割ったような気性は正真正銘の江戸っ子。俺のような出来損ないが言うのも口幅ったいが、おスミさんは立派なご新造です」

隼二郎が涙声になってそう言った。二人はまんまと撒き餌に誘い寄せられた。所長はそれを見てさらにたたみ掛ける。

「そのように思っていただければなによりです。ご覧のとおり私ももう若くない。だから最近スミのことが心配でならないのです。もしあの娘によいご縁などあって、その方と二人でこの絵コンテ指南処を継いでくれたら、私も安心できるなどと、つい手前勝手なことを考えてしまったりもしますが、おっとこれは失礼しました。つい余計なことまで口を滑らせてしまった。まあ年寄りの独り言と思って聞き流してくだされ」と所長は静かに笑って見せた。

そうと聞いては翔吉も隼二郎も落ち着かない。今師匠が言ったことが頭の中をぐるぐると巡っている。

（つまりそれって俺たちに遠回しに探りを入れているのだろうか？もしそうだったら…）二人とも顔を見合わせて、あわてて目を反らした。しっかりと餌に食いついてきた二人の様子を確かめた所長は満足げに微笑み、（そろそろ逃がしてあげようかな）と思い始めたところへ、タイミング悪くスミレが戻ってきてしまった。

「まったくひどい雨！なかなかやまないから傘を借りて帰って来ちゃった。あれ、みんな神妙な顔してどうしたの？」

能天気なスミレの声がその場の重い空気を一瞬で吹き飛ばした。

3-3

写楽発見！

「君たちはいつもやる気満々だね。師匠もそう言っていたよ。二人とも筋がよいから、きっと仕込んだらものになるってね」

「これこれ、また余計なことを。ところで、頼んだものは手に入ったかな？」

「やることはちゃんとやりますよ。はいこれ」スミレは風呂敷包みから細長い桐の箱を取り出し、慎重な手つきで所長に手渡した。ふたを開けると中には、先端に黒い塊をはさんだ木の軸が入っていた。所長はそれを手に取り、二人の目の前にかざして見せた。

「さて本日はこの品をお二人にお見せしたくて、スミに使いに行ってもらいました。これは黒石筆と呼ばれているもの。はるばるオランダ人が彼の地から運んできた筆記用具です。毛筆とは違い、線が乱れたり、にじんだり、かすれたりもしない」と言いながら、早速紙に描いて見せた。その線は太さが一定で、しかも薄墨で引いたように伸びやかだった。

「さあ、お二人とも試しに描いて見て下さい」

まず翔吉が手に取った。

「なるほど、毛筆とはまったく違った感触だ。これは使い勝手がいい。いちいち墨をする必要もないから、思い立ったらすぐに描けそうだ。隼二郎もやってみろ！絵の修行をしていなくても線が引けるぞ」と、黒石筆を隼二郎に手渡した。

「確かに描きやすい。毛筆のように力の加減がいらないから、俺でも上手くなったような気がする」

隼二郎はそう言いながら何やらサラサラと描いて見せた。

それを見た所長は驚いた。

「こ、これは……」

隼二郎が黒石筆で何気なく描いたのは人物の上半身。歌舞伎の役者絵だ。しかしその表情、目つき、仕草、そして構図。一枚の絵に所長が求めている紛うことなきすべての要素が現れていた。それは普段の隼二郎の描いている拙い毛筆描きとは明らかに違っていた。

「なんてことだ。ここに居たなんて」所長は唸った。

タイムトラベルにも動じなかったスミレでさえ、この展開には本気で驚いていた。

今しがた皆の目の前で隼二郎が描いて見せた絵を元に版を彫り、背景を雲母刷りすれば、それは誰がどう見ても写楽の役者大首絵そのものだった…。

3-4

発想のプロセス：連想ゲームでイメージを膨らませる

・これはビートルズのジョン・レノンも作詞するときによく使ったシュールレアリスム的手法。小野洋子さんの影響？あるいはジョンが美術学校で学んだことからのヒントかもしれません。要するにわらしべ長者のように要素と要素を組み合わせて発想し、そこから次々と新しいダブルあるいはトリプルにイメージを膨らませていく連想ゲームです。

・見つめていると一つの壺の絵がやがて向き合った顔に見えてくるルビンの壺。あるいはマグリット、ダリ、エッシャーなどの絵の多くがこの手法で描かれています。

・ジョン・レノンの「 Happiness is a Warm Gun 」や「Lucy in the Sky withDiamonds」など、額面通りだと意味不明なのですが、現代アートのカリスマ、マルセル・デュシャンの巧妙で人を食った作品のように、実はさまざまなメタファーが込められています。それが不思議な感覚を与えるのは、ジョンの潜在意識が寄せ集めたイメージのコラージュに私たちの心が共鳴するからではないでしょうか。

・偶然の成り行きなので次に何がくるかはわからない、わらしべ長者的発想のプロセス。まったくロジカルではありませんが、それが常識に捕われないアイディアを導き出す方法です。

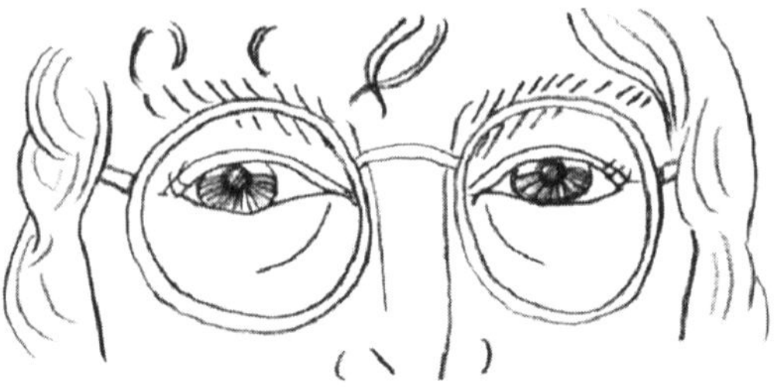

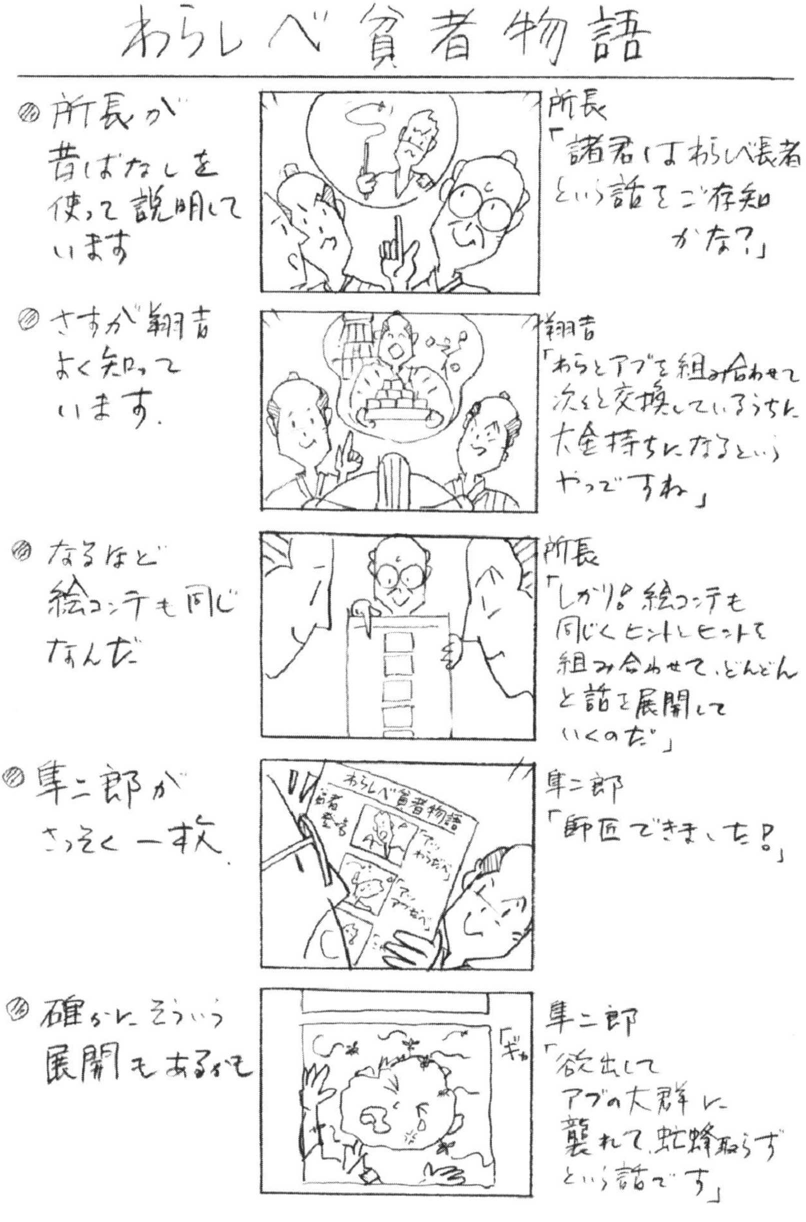
わらしべ貧者物語
所長が
昔ばなしを
使って説明しています
所長
「諸君はわらしべ長者という話をご存知かな?」
さすが翔吉
よく知っています.
翔吉
「わらとアブを組み合わせて次々と交換しているうちに大金持ちになるというやつですね」
なるほど
絵コンテも同じなんだ
所長
「しかり! 絵コンテも同じくヒントとヒントを組み合わせて、どんどんと話を展開していくのだ」
隼二郎が
さっそく一枚.
わらしべ貧者物語
「アッわらだ」
「アッアブだ」
隼二郎
「師匠できました!」
確かにそういう
展開もあるかも
「ギャ
隼二郎
「欲出して
アブの大群に
襲れて虻蜂取らず
という話です」

発想レッスン：ジグソーパズルのように

・「解剖台の上のミシンと蝙蝠傘の偶然の出会いのように美しい」というロートレアモン伯爵の不可解だけど魅力的なシュールレアリスムの詩があります。何のことだかさっぱりわからないけれど、夢を見ているような不思議な既視感があります。

・やはりシュールレアリスムの画家であるサルバドール・ダリが「私の50の秘伝」という本を書いています。画家を志す者への彼なりの教えが秘伝としてダリ特有の勿体ぶった表現で記されているワケですが、その中でも秘伝3は発想のヒントとして非常に役に立ちます。現実の束縛を逃れて、まるで夢の世界をさまよっているような不可解な世界を表現するのが超現実主義の持ち味ですが、ここでは一瞬の眠りに落ちる瞬間に見る怪しげなイメージを記録する方法が書かれています。

・そうして得られた意味を成さない象徴としての断片を、ジグソーパズルのピースのように組み合わせて絵で表現してみると、やがて一連の流れが生まれてきます。是非お試し下さい！

ダリ的発想法　秘伝3

ダリによる
秘伝3の
説明です

ダリ
「用意するのは
一本の鍵と
一枚の皿
」

実にシンプル

「ソファーにゆったりと
座り、肘掛けの下に
皿を裏にして置き
親指と人差指で
つまんだ鍵をその上に
構える」

これだけ

「しばらくじっとして
いると、うとうとと
してくる」

成行きで

「眠りに入る瞬間、
鍵は指を離れ
皿に当たり音を
立てるから、目が
覚める」

試してみて
下さい。

「この瞬時に見た
夢、あるいはイメージ
をヒントとして
使うのだ!?」

Part. 4

「絵コンテ発想法」と新規プロジェクト

せっかく手に入れた「絵コンテ発想法」。さっそく何かに使ってみたいですね。できれば、新しいプロジェクトの発想なんかに使うのがお勧めです。プロジェクトと言っても、仕事だけとは限りません。愛する妻へのプレゼントプロジェクト、楽しい旅行のプロジェクト、そして人生を決めるプロポーズのプロジェクト…。江戸の長屋の連中も、早速、何かのプロジェクトに取り掛かったようです。題して「蔦屋再建プロジェクト?!」。さて、名案がでるのでしょうか。そして、所長とスミレは、無事現代に戻れるのでしょうか。

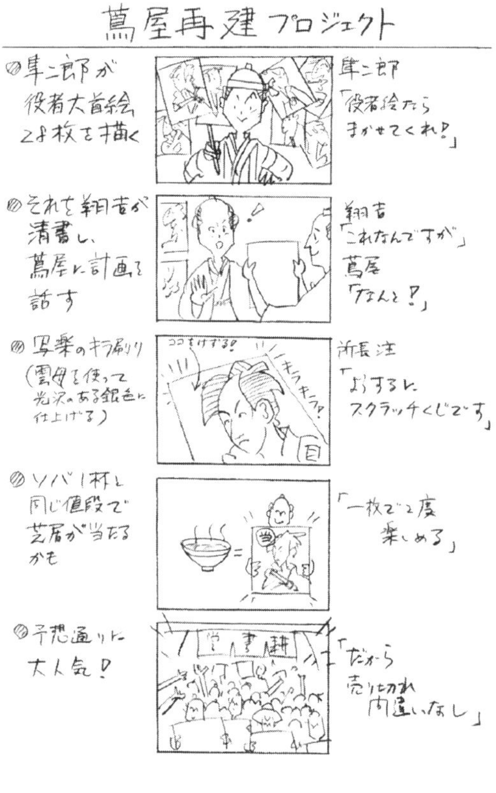

長屋の軒を叩く雨音はさらに激しさを増し、雷鳴も響いてくる。しかしここ絵コンテ指南処では、もはやそれどころではなかった。

「隼二郎さん、あなたがこれほどの画力を秘めていたとは、にわかには信じがたいのですが」

と所長が問うと、

「何かまずいことをやらかしましたか」

こわばった所長の顔を見て不安げに隼二郎がそう返した。

それを察した翔吉が横から助け船を出す。

「多分、先生は勘違いされている。すでにご存じのように、隼二郎はろくに絵など描けやしません。でもただし一つだけ例外があります。以前もお話ししたように、こいつは根っからの芝居好きで、その入れ込みようったら半端じゃありません。芝居ののぼりが立つと、すべてが上の空になっちまって何も手につかなくなるから、親父さんや兄貴に始終とっちめられてるという始末なんで…」

「そのお陰と申しますか、良いのか悪いのかはわからないけれど、役者の顔つきや仕草なんかどれも空で覚えてしまっていて、ご覧のように、今ではそれだけは見なくても描けるようになってしまったというわけなんです」
「いや、まったく面目ねえ」と鬢を撫でて隼二郎は照れてみせた。
「それってつまり、好きなキャラだけは描ける子どもと同じだね」
スミレが勝手に納得した。

(瓢箪から駒とはいえ、これはとんでもない展開だ。探していた写楽が向こうの方から飛び込んでくるとはなんと運がよいんだ。やっぱり江戸にきてよかった。こりゃ断然面白くなってきたぞ！)

所長は一人ほくそ笑むと、目を閉じて額の真ん中を指先で丸く撫ではじめた。これは所長の脳が高速で発想しているときの癖なのだ。こうやって頭の中で絵コンテをイメージし、発想が進行しているのだ。

「ところで翔吉さん。あなたは今、蔦屋さんにいらっしゃるのですね」
「ええ、お陰様で旦那様には可愛がってもらっております」
「おお、そりゃ都合がよい。しかし蔦屋さんも最近はいろいろとお内情が苦しいご様子ですね」
と所長が聞くと、
「はい、実はそうなんです。大きな声では言えませんが、三年ほど前に山東京伝さんの黄表紙がお上の取り締まりを受け、版元の蔦屋さんにも財産半減の処分が下りました。すると弱り目に祟り目とでも言いましょうか、今度は私を蔦屋さんに引き合わせてくれた看板絵師の歌麿さんとの折り合いも悪くなり、さすがの蔦屋の旦那様もにっちもさっちも行かないご様子で、最近は私もお世話頂いている身として大変肩身が狭い思いをしております」
翔吉はこれまで心に溜まっていたものを一気にはき出すように言うと、
「まあ御店が暇なお陰で、こうして習い事にも通えるってわけですが」
とつけ足した。

蔦屋重三郎とは?

- 江戸の遊廓吉原で寛延3年(1750年)に生まれる

蔦屋「生まれからして色物好き」

- 安永2年(1773年)吉原大門の前に書店を開く

「吉原細見というガイドブックを売っていました」

- ヒット作を次々に刊行し天明3年(1783年)ついに日本橋に進出!

「本格的に出版業を拡大
一流版元がひしめく日本橋で勝負!」

- 寛政の改革の取締りで山東京伝の本が摘発され、蔦屋も過料となる

「良いことばかりは続かない」

- 何はともあれ蔦屋は江戸時代出版界の大プロデューサーです。

「でも歌麿や写楽、十返舎一九などを世に出せてよかったと思う」

所長は深くうなづくと、改めて翔吉と隼二郎の顔を眺めてこう切り出した。

「なるほどよくわかりました。それじゃ決まった。実はお二人に相談があります。いやほかでもない。今しがた隼二郎さんが描いた役者絵を見て、さらには翔吉さんと蔦屋さんが懇意なのを確かめさせてもらった上で、面白い計画を思いつきました。その計画を絵コンテにしてみました。お二人の才能を活かし、さらにそれが蔦屋さんの再建にもつながるといった目論見だが、どうですか話しにのってはみませんか？」

「願ってもないことで！」

翔吉と隼二郎は身をのり出した。

蔦屋再建プロジェクト

◎隼二郎が役者大首絵28枚を描く

隼二郎「役者絵ならまかせてくれ!」

◎それを翔吉が清書し、蔦屋に計画を話す

翔吉「これなんですが」

蔦屋「なんと!」

◎写楽のキラ刷り(雲母を使って光沢のある銀色に仕上げる)

所長注「ようするにスクラッチくじです」

◎ソバ1杯と同じ値段で芝居が当たるかも

「一枚で2度楽しめる」

◎予想通りに大人気!

「だから売り切れ間違いなし」

（どう考えても目の前にいるのが写楽。短期間活躍して忽然と消えた謎の絵師の正体なのだ。もし私がこのまま手を下さなかったら、きっと歴史から写楽の名は消えてしまうだろう。要するに歴史に偶然なんてないということだ。私たちはこうしてこの時代にくるべくしてきたんだ。そしてやるべきことはわかっている。そうだ、なんとしてもこの二人を写楽にしてやるぞ！）

所長は二人に絵コンテを示しながら説明をはじめた。

「いいですか、このところ蔦屋さんのお内情は思わしくなく大変お困りだ。そこで、もしよい商売の話があれば、きっと興味を示すはず。段取りとしては、まず隼二郎さんが役者の大首絵を28枚描く。それを手慣れた翔吉さんが清書して蔦屋さんにお見せする。

そのときこのように言わなくてはなりません。

『この絵を売るに際して名案があります。くじに当たれば芝居見物ができる懸賞をつけるのです。この絵の背景を雲母刷にして、削ると当たりが現れる仕組みにするのです。御上の締めつけが厳しく、誰しも気分が沈んでいるこのご時世、蕎麦一杯の値段で芝居が見られるかもしれないとなれば、噂が噂を呼んで皆が飛びつくことは間違いありません。ただし、少々わけがあって絵師の正体は明かせませんが、その代わりに画料については一切不用です』とね」

「さて、そしてここからが後々重要なことになるので、さらに念を押して申し上げてくださいよ。
『絵師はここ日本橋の蔦屋さんから眺めて東方、つまり深川の水辺を住まいとし、役者を写すのを楽しみとする者です。だから号は東洲斎写楽と銘じてください』とね」
少し考えていた翔吉がはたと気づいた。
「深川の水辺を住まいとし、役者を写すのを楽しみとする者。それって、つまり小名木川のほとりにあるふな膳の次男坊で、芝居狂いで誰に頼まれるわけでもないのに、役者絵を集めたり描いたりしている隼二郎のことですね！」
「その通り。でも写楽は一人じゃありません。翔吉さん、あなたも蔦谷さんに計画を持ち掛けて実現させる重要な存在なんですよ。つまり我々三人はそれぞれに蔦屋再建計画の重要な役割を担っているワケです」
と所長が言うので、スミレが不満げに聞いた。
「三人って、私はどうなんですか？」
「スミの役割は釣りで言えば撒き餌だったんだね。今にして思えば」
「撒き餌？意味わかんないです。あなたたちはわかる？」
とスミレは翔吉と隼二郎を見て言った。
「さあ？」
二人は首を傾げて答えた。
（そう簡単にわかられては困るんだよ！）
そう所長は思った。

シャーロック・ホームズが写楽の謎に迫る

◎シャーロック・ホームズが写楽の謎に迫ります

ホームズ「木を見て森を見ず、というが、皆細部にこだわり過ぎるのではないだろうか？」

◎そもそも写楽の存在自体を疑ってみます。

「皆、写楽が存在することを前提としているが、なぜ疑わないのか？」

◎確かに世の中絵が上手い人はたくさんいます。

「ルネサンスの絵画制作もマンガもアニメも共同制作。キャラクターの設定が決まれば大量に作れる」

◎だからベースが決まればいくらでも作れる

「浮世絵も同じく共同制作。オリジナルにこだわる人なんかあまりいなかった」

◎つまり蔦屋がプロデュースしたブランドが、後の世に評価されただけなのでは….

「つまり写楽も蔦屋という大プロデューサーのプロジェクトのひとつに過ぎないのではないだろうか」

「それにしても、さすが先生だ。俺たちとは目のつけどころが違う。なんでそんな凄いことを考えられるんですか？とにかくこれが上手くいけば蔦屋の旦那様にもご恩返しができる。何かワクワクしてきた。こうしてはいられないぞ、隼二郎早く絵を描くんだ！」

翔吉は待ちきれないようすでそう言った。

「実は役者の絵なら、もう描いたのが山ほどあるんだ。自分じゃどれがよいかわからないから先生選んで下さい」

隼二郎が照れながら嬉しそうに答えた。

いつしか雨も止み、軒先からは雀のさえずりが響いてくる。路地に面した障子を通して差し込む午後の陽光が、皆の上気した表情を明るく照らし出し、それを見たスミレは嬉しそうに微笑んだ。

「そうそう、さっきお使いのついでにかりん糖を買ってきたんだ。すぐにお茶入れるから待っていてね」

スミレも段々と江戸の暮らしに馴染んできたようだ。

歴史の記録では写楽の大首絵が蔦屋から売り出されるのが5月。タイムトラベルのリミットまで、まだ少し猶予がある。ぎりぎり写楽のデビューには間に合うはずである。

「…よしよし。これですべてよし」

所長は心の中でそうつぶやいた。

4-1

発想のゴール：原点は自分にある

アメリカのテンプル大学を創立した法学博士であり牧師のラッセル・コンウェルは、その著書『ダイヤモンドを探せ』の中で語っています。本当にすばらしい財産、才能、発見などは、遠い世界の果てにあるのではなく、実は我々のごく身近にあることを。

しかし、私たちの多くは日常的に見聞きしている環境が空気のようにあたりまえに思えて、改めて顧みもせずに過小評価して、つい外にばかり目を向けてしまいがちです。

この本では名だたるダイヤモンドの産地となったインドのゴルコンダを所有していながら、それと気づかずに土地を手放してわざわざ宝探しに旅立ってしまった残念な男の話や、それとは逆に何も持たないダメ男が、海岸で拾った流木をナイフで削って作ったオモチャが子供に喜ばれ、やがて大きなオモチャ会社を設立するサクセスストーリーなどが語られています。要するに灯台もと暗しで、いかに自分の身近なことを客観的に眺めるのが難しいか、そしてもしそれができれば、きっと大いなる発見があることをさまざまなエピソードを使って示唆してくれています。

この本は、およそ100年前に書かれているのですが、真理は色あせないことを証明するかのように、今の多様化した混迷の時代に一筋の光明を与えてくれます。

もう一つ、100年前にノーベル文学賞を受賞した有名な童話、メーテルリンクの『青い鳥』も同じ真理について述べています。

チルチルとミチルはさまざまな世界を旅して戻ってみると、青い鳥は自分の家にいたことに気づきます。

発想もまったく同じで、いくら他にそれを求めても得ることは不可能です。なぜなら、発想とは私たち一人一人が抱えている問題や経験から導き出されるものだからです。だから『青い鳥』のお話のようにごく身近にあるというよりも、一人一人が発想の原点なのです。

重要なのはまず、そのことに気づき、次に自分の心や感情に素直に向き合うこと。具体的には今まで放って置いた漠然とした疑問点や問題に立ち向かい客観的に見つめ直し、はっきりと定義することです。

それができるようになれば、問題はほとんど解決したようなものです。発想と妄想の違いは、発想が問題解決を意図して能動的に行われる活動だからです。

そうは言っても、人間の悲しい性で若気の至りと申しますか、他人にいくら真理を教えられても、結局自ら一度堂々巡りの苦労をしてみないと理解できないものですね。ご多分にもれず私自身がそうでしたから。

Part. 5

エピローグ：「平賀堂後日譚」

絵コンテであなたもしばしの歴史旅行は如何ですか

さて、江戸へのタイムトリップを終えて現代に戻ってきた所長。再び平賀堂の店主を訪ねます。いわば夢落ちですが、その夢を現実の出来事に置き換えて、夢馳せるアイディアとすることこそが「絵コンテ」の真骨頂。所長が見た夢は江戸で絵コンテの寺子屋をして有名人を弟子にすることでしたが、さて、あなたならば、どの時代に行って、どんなことをしますか。早速、絵コンテに描いてみては如何でしょうか。

新絵暦開発プロジェクト始動
新絵暦開発プロジェクトがはじまりました。
所長
「異刻遠鏡絵暦は最初と結果の2コマしかないので、シンプルすぎてイメージしにくいかも」
平賀堂
「ナルホド」
何やら画期的なアイディアのようですが
所長
「そこでコマの間を開けてですね…」
どこかで見たような
所長
「そこに3コマ追加して途中の経過を描けば流れがイメージできるようになります」
本当によいのですか？
平賀堂
「これはすごい、さすがは先生！」
所長
「どういたしまして」
その通り！
スミレ
「それって結局いつもの絵コンテですよね」

再び21世紀、三ヶ月のタイムトラベルから戻ってきた所長は、翌日神田神保町の平賀堂書店を訪ねた。中を覗けば、奥の薄暗い帳場では相変わらず店主が暇そうに煙草を燻らしていた。そのうち所長に気づくと、笑顔になって手招いた。

「これは絵コンテ発想法の先生いらっしゃい。今コーヒーを入れますので、今日はどうかゆっくりしていってください」

そう言って奥に消えた。三ヶ月のタイムスリップではあったが、現在の時間では一瞬のこと。だから戻ってみれば、あのとき研究所を後にしたそのままで、まるで夢でも見たような、キツネにでもつままれたような気分で思わずスミレとお互いの顔を見合わせたのだった。

しばらく蜘蛛の巣だらけの天上を眺めていると、やがて時代物の赤い根来盆に花柄のウエッジウッドのコーヒーカップを二つ乗せて運んできた。

「お待たせしました。豆を挽いていたので時間がかかってしまいました。ブルーマウンテンです。どうぞ召し上がって下さい。コーヒーは実によいですな。最近ではすっかり病みつきになりました」店主はそう言うと一口啜り、うっとりした表情で大げさにため息をついて見せた。そしておもむろに所長の方を向くと、こう切り出した。

「もうすでにお察しのことと存じますが、私は先生のような方が訪れるのをずっと待っていました。件の絵暦を店先に出して置いたのも、実はそうしたわけでして。とにかく、まず始めにあれを見て直感的に何かを感じてもらうことが必要でした。案の定、先生はすぐに興味を抱かれたご様子でしたね。そこで絵コンテ発想法という風変わりな研究をなさっていると伺い、この方で間違いないと確信しました」

「さて、ご存じの通り、あの絵暦は時空移動の道具なのです。いたずらやおろそかなことで見ず知らずの人間にお渡しすることはできません。まあたとえ間違って渡ったとしても、あの絵暦は『異刻遠鏡絵暦扱』と一対でなくては、意味不明で役に立ちませんけれどね。それを先生にお渡ししたのにはわけがあります。先生ならあれの仕組みをちゃんと理解して、実際に試してみるだろうと見込んだからです。ところでどうでしたか、実際に時空移動を体験されてみて」

所長は待ちきれないようすで答えた。

「なんと申しましょうか驚きの連続でした。これまでに味わったことのない、とても不思議でステキな時間を体験させてもらいました。ところで、ご店主が意図して私にあれを託して下さったのであれば好都合。今日こちらに伺ったのは他でもない、あなたにいろいろとお聞きしたいことがあったからです。」

「そうでしょう。この世には我々の知り得ないことがたくさんありますが、なかでも時空移動などはその最たるもの。私がお答えできる範囲でよろしければ、なんなりとお聞き下さい」

「それでは遠慮なく伺います。まず最初にひとつはっきりとさせておきたいことがあります。突然ですが、あなたは、かの有名な江戸の発明家平賀源内と縁の深い人……いやはっきり言います。

あなたは平賀源内ご本人ではありませんか？あの絵暦の絵を眺めていて、そして記された年号を見てそう思い至ったのですが」

「さすが先生は鋭い。お察しの通り、まさしく私が平賀源内。今はご覧のように21世紀の神田神保町で平賀堂という書店を営んでおります」

「やはりそうでしたか。それではもう一つおたずねします。失礼ながら歴史上、平賀源内つまりあなたは安永8年（1779年）に行き違いから殺人を犯し、伝馬町牢獄に入れられて、その年の暮れに獄中で病死されたはずではありませんか？それがなぜこの21世紀にいらっしゃるのですか？」

平賀源内はそれを聞いて、含みのある笑いを浮かべた。

「どうやらそうなっているようですね。でも先生、よくお考え下さい。とかく歴史の記録などというものは、その多くが後の世に都合よく作文されたものです。嘘っぱちとまでは言いませんが、かなり改ざんされているのです。それに実際、時代は違えども、私はこうしてまだピンピンしているではないですか。そして私は誰も殺めてはいません。あれはまさしく冤罪です。というよりも私の存在を快く思っていない人間にまんまと嵌められたというのが真相です。そのあげくお縄をいただき、伝馬町牢獄に入れられたわけですが、いつの時代もお役人が一番嫌うのは説明のつかない不始末でして。もし私が牢獄から忽然と消えたなどと上役に知れたら、どんなに体裁の悪いことか。だから多分看守たちは口裏を合わせて、私を病死扱いにしたのではないでしょうか。もう私にはとんと関係ないことですがね。」

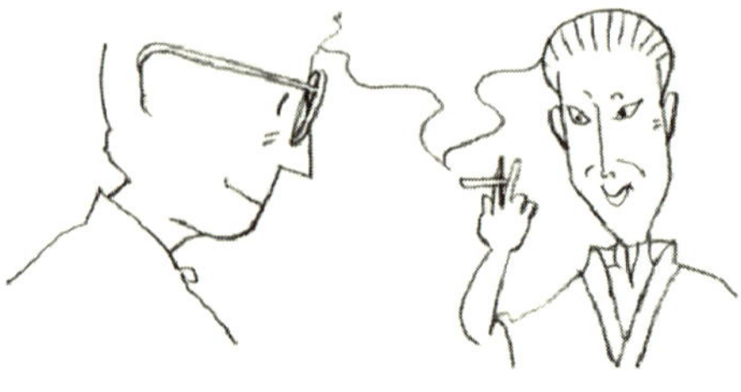

平賀源内の最後（史実編）

- 大名屋敷の修理を請け負い ちょっと一杯

源内「ああ、よい気分だわい！」

- 修理計画書が無いことに気づく

「あれ、ない！さては奴らが…」

- 勘違いから大工の棟梁たちを殺傷

「ふざけるなよ！」

- 伝馬町牢屋敷へ入れられる。安永8年（1779年）11月21日

「しくしく」

- 破傷風により獄死とされるが、なぜか遺体のないままの葬儀となる。享年52歳 安永8年（1779年）12月18日

「・・・・・・・」

「そうすると、獄中であの絵暦を描き、それを使ってこの21世紀に時空移動してきたというのですか？」

所長は確かめるように聞いた。

「まさにその通りです。あれはいつにも増して冷え込みの厳しい冬の晩でした。その夜はちょうど気のよさそうな同心が当番でして、しばらく檻越しに身の上話などしていましたが、頃合いを見て、私ももう長くないはずだから辞世の句を書かせてくれないかと頼んでみたら、内緒で紙と筆などを貸してくれました。そのお侍には誠に申し訳ないと思いましたが、背に腹は代えられません。そうして描いたのが先生にお譲りした例の絵暦、すなわち時空移動のあれですな。『異刻遠鏡絵暦』は私の数ある発明の中でも最高傑作だと自負しています。それがこんなことになる発端はある晩のこと、酒の席でほろ酔い加減のよい気分になって止めておけばよいのに、つい調子にのって絵暦の話をしてしまったのです。すぐに慌てて冗談だと取り繕ったのですが、世の中には執念深い人間もいるものですね。それを聞いていた一人が仲間を誘って私の留守宅に侵入し、散々研究資料などを漁ったうえ、見つからないとなると、証拠を消すためになんと仲間を殺し、しかもそれを私の仕業に見せかけたのです。『異刻遠鏡絵暦』は私の頭の中にあるので、見つかるはずはありません。それでも、もとはといえば私の不注意が原因。本当に口は災いのもとですね。まったく大変な思いをしました」

平賀源内の最後（本人の談）

◎無実の罪で
投獄される
安永8年（1779年）
11月21日

源内
「私は殺ってない」

◎そこで
苦肉の策

「後生ですから、
辞世の句を書かせて
くだされ」

◎情にもろい
同心から
筆記用具を
指し入れられる。

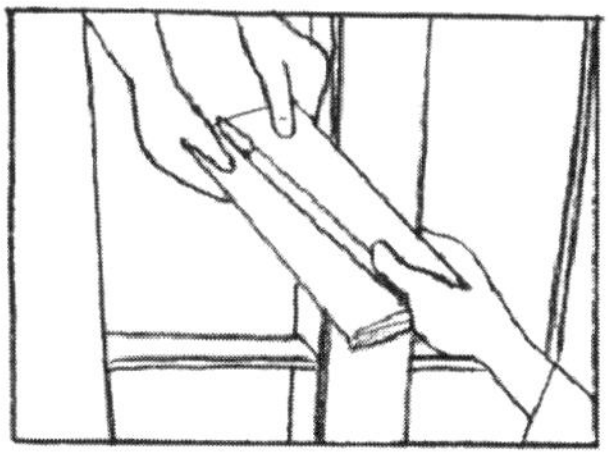

同心
「これに書かれよ」

◎牢獄の暗がりで
「異刻透鏡絵暦」
を描く

源内
「どうせならずっと先の
未来へ行こう!」

◎そして21世紀に
タイムスリップ

「これが真相です」

「なるほど、そうして二度と戻れないことを承知の上で、江戸から未来の江戸、つまりこの東京にやってきたのですね」
　平賀源内は大きくうなづいた。
「もうあそこには戻りたくもありませんからね。しかし、まったく戻れないというわけでもありません。実は『異刻遠鏡絵暦扱』には書いてありませんが、もとの自分に戻れないというだけで、今回先生がなさったように過去の誰かに乗り移るならまったく問題はありません。しかしこれはあまり教えたくないところ。話が複雑になりますからね。だからあの本には敢えて書かなかったのです。ところで、先生はどこへ行って何をしてきたのですか？私はそれに非常に興味がある。是非聞かせていただけませんか」
と平賀源内は身を乗り出して聞いた。
　所長は江戸へのタイムトラベルの一部始終を語って聞かせた。
「それは面白い。やはり私の見立てに間違いはなかったわけだ。なんと写楽を誕生させたのは、実は先生だったと言うわけですか」
　所長は話を続けた。
「最初は半信半疑で、とりあえず写楽の真相さえわかれば面白いのではないかとそれだけだったのですが、あちらに行ってみれば、お話ししたような成り行きで思いもよらない展開になりました。そこで歴史の流れに関与するのが正しいのかどうかわかりませんが、もし私が何も働きかけをせずに放っておけば、写楽は存在しないことになってしまう。だから蔦屋の再建にかこつけて、若者たちを使い写楽を誕生させることにしたのです。まずかったでしょうか？」

「先生はあまり真面目に考えすぎているようですな。要するに歴史などあみだくじと似たようなもの。過去の歴史という流れにしっかりと織り込まれているので後から眺めると、どの出来事も重要で不可欠に思えますが、決してそんなことはありません。すべては場当たり的な偶然が折り重なったものにすぎないのです。ほ乳類から霊長類へと進化していき、それが少々賢くなった我々人間が、今地球上で偉そうにしているのも単なる偶然の成り行きです。もしかして、歴史のあみだくじが別の方に進んでいたら、は虫類がそのまま進化を遂げ、あのヌメヌメした肌を光らせて街を闊歩していたかもしれませんよ」

平賀源内はそう言って、は虫類っぽく目を輝かせた。

「まあ、そんな大きな問題と比べたら、人間の作りだした発明品や業績などはまったく取るに足らないもの。最近の技術の進歩を考えてみればわかります。今では必要不可欠に思われているスマホもSNSも少し前まではなかったはずですが、その当時何か問題がありましたか？もっと昔はテレビすらありませんでしたが、誰も全然困ってはいませんでした。それと同じことです。今あって当たり前と思えるものは、社会に普及し、やがて歴史に織り込まれた結果なのです。

写楽にしても、現代に写楽の存在が知れ渡っているだけで、なければないで全然問題はありません。困りもしません。それどころか、もっと凄い才能が人知れず消えてしまう方が多いのかもしれません。だから今回先生が江戸でなさってきた写楽プロジェクトも鶏が先か卵が先かのような話ですな。先生が写楽をご存じで、そこにたまたま条件が揃っていて、先生がそこに働きかけたというだけのことなんですよ」

全然困っていない人々

▨とりあえず
21世紀には
あって あたりまえ

スミレ
「つまり
自動車も
飛行機も」

▨あると便利

「コンビニも
ファミレスも」

▨若者には
必須アイテム

「スマホも
パソコンも」

▨江戸時代の
若者相手に
無理な質問

「な〜にも無いくせに
君たちは全然困って
いないというワケね！」

▨意味不明

翔吉&隼二郎
「……？」

「まことに身も蓋もない話をして申し訳ないが、それが現実です。ただし、話はこれで終わりではありません。確かに歴史は気まぐれで後に振り返って眺めた結果しか知ることはできません。まして現在という時間の渦中に身を置いている人間にとって、その先の未来を見通すことなど不可能です。

カオス理論が示すバタフライ効果のように、その時々に発生する小さな要因で未来は大きく変わってしまうからです。常に暗中模索の状態ですね。しかし、悪いことばかりではありません。人間にはそれを克服する力が備わっています。それは人間が他の動物と一線を画している重要な要素です。先生ならそれが何かわかるはずです」

平賀源内は天井の蜘蛛の巣を眺めて聞いた。

「発想力ですか？」

所長も蜘蛛の巣を眺めながら答えた。

「その通り。先生が絵コンテを使って研究されているまさにそれです。歴史はあみだくじと同じようにランダムだとお話ししましたね。先ほどからせっせと糸を出して見事な巣を作っているあの蜘蛛でさえ、自分が発想してやっているわけではありません。他のすべての生物もあの蜘蛛のように本能の糸を紡いでいるにすぎません。人間以外の動物には、あみだくじを自ら選ぶ自由が与えられていませんからね。

しかし、人間には発想する能力が備わっています。

たとえ歴史がランダムであろうとも、発想することで自ら進む方向を選択し、行動に結びつけ、そこから結果が生じ、やがて歴史となる。発想力こそがカオスに挑戦できる唯一の人間らしさなのです」

「パスカルも、人間は考える葦であると言っていますよね。発想しなければ歴史も存在しないのです。まあそんなわけで、この辺りで種明かしをしましょう。本当のことをお話します。私が発明した『異刻遠鏡絵暦』も本当は人間の発想力を活用したものにすぎません。皆がイメージするタイムマシンのように人間を体ごと時空移動させるような大掛かりな仕掛けは一切使っていません。だから相対性理論も量子力学も不要です」

まったく解せないようすの所長が聞いた。

「私が経験した過去へのタイムトラベルに関しては、発想を応用したもののだと考えましょう。でもそれとは別に、あなたはこうして体ごと未来の21世紀にきているではありませんか。それも発想だとおっしゃるのですか？それが単なる発想だとしたら、目の前にいるあなたは一体何なのですか？発想がこんなにリアルなはずがないじゃないですか！」

「よいご指摘ですな。それについてはこう考えていただくとわかりやすいかも知れません。つまり人間の意識は一つではないのだと。実は人間の意識は洋菓子のミルフィーユのように何層にも積み重なっているのです。これをレイヤーとも言いますね」

「ところで先ほどからお聞きしていると、お話の中に現代人しか知り得ない横文字がしばしば出てくるのですが、それはどこで覚えられたのですか？」

「テレビですよ。しかしあれはまったく奇妙なものですね。どこの放送局も朝から晩まで変わり映えのしない番組を何度も何度も繰り返し流し続けている。そのお陰でいつのまにか覚える気もないのに言葉が頭に焼きついてしまっているというわけです」

平賀源内はこともなげに答えた。

「まるでマインドコントロールの実証実験のようですね」

やはり映像メディアは強力なんだと所長は一人納得した。

パティシエ平賀のスイーツ発想法

今日のテーマは
ミルフィーユ

パティシエ平賀
「皆さんこんにちは。
ミルフィーユはパイ生地
にクリームを層にして
はさんだお菓子です」

ちょっとうんちくを
ひとこと

「ちなみに（Mille filles 千人の娘）
ではなく（Mille feuille 千枚の葉）
という意味です。
個人的には娘の方が
好きですが」

本題に入ります

「それはともかく、これを
2次元的に上から
見ると表面しか見えない。
いわゆる垂直思考」

地面を掘ると
昔の地層が
現れます。

「さて、それを横から
眺めるとすべての要素を
見ることができる3次元的
な水平思考」

ただし、こういう
食べ方は
マナー違反です。

「そして私が提唱
するのがすべての層に
同時にアクセスできる
4次元的レイヤー思考
なのです！」

平賀源内は話を続けた。

「さて私たちの意識はミルフィーユのように多層構造です。でも普段は一番上の表層のレイヤーしか意識していません。だからこの世で起きていることには一貫性があり、すべて辻褄が合っているように感じています。でも我々の現実感とは本当はものすごくいい加減で脆弱なものなのです。

多少の例外はありますが、例えば寝ているとき、夢を夢だと思って見ていますか？あるいはぼんやりと空想をしているとき、それを空想だと意識しているでしょうか？普通はそれが現実ではないと感じるのは目が覚めたとき、あるいは空想から我に返ったときのはずです。夢も空想も、その時点では感覚的に現実と何ら変わりがありません。つまり表層のレイヤーではない、別のレイヤーに心がいる時点では、それがその人の現実なのです」

「普通は夢や空想がコントロールできないように、自分の意志でレイヤーは選べません。

さてここが重要ですからよくお聞き下さい。もし多層構造の意識のレイヤーに同時にアクセスして、しかもそれを透明なガラスのように一度に重ねて眺められれば、さまざまな現実を一度に意識できるようになります。そうなれば、もはやこの狭く息苦しい表層のレイヤーだけに縛られる必要はなくなります。発想次第で、心は多層的な意識の時空間に解き放たれるのです。

先生は普段から絵コンテというビジュアルの道具をお使いだ。だから、自然にレイヤーを多層的に見通す力が備わっていたのです。この平賀堂書店と私が見えて、しかもこうしてお話できるのもその証拠です。私は先生のような方が現れるのを待っていました」

「すると私が現実だと思っていたのは、つまり平賀源内さんと話をしているこの状態は、やはり時空を超えた現象ということなのでしょうか？」

不可解な面持ちで所長は聞いた。

「どうか平賀堂とお呼び下さい。そう大げさに考えるのはそろそろ止めにしませんか。現実とか時空とかいう類いのものは皆が価値があると思っているだけで、実際は大した意味などありませんよ。『うる星やつら2ビューティフル・ドリーマー』でもサクラ先生を乗せたタクシー運転手（妖怪夢邪鬼）が同じようなことを語るシーンがありますね。時間なんて要するにお金と同じです。お金も皆が共通に価値があると信じているから、それが一人歩きして貨幣経済などというシステムが世界中を席巻していますが、本当はお金なんて単なる観念にすぎません。ただの紙切れであり、21世紀ではただの電子的なデータにすぎない。時間もお金も人間が共通認識として生み出したゲームのルールのように実体のない幻想です。それなのに人間はいつまでも自分たちが作りだした現実という根拠のない薄っぺらな表層世界に縛られているのです。もちろんこんなことを言っても、ほとんどの人は理解しようとしません。確証バイアスで判断することが当たり前になっているので、自分が知っていること、あるいは信じたいと思っていることしか耳に入りませんからね」

「アービトラージ（裁定取引）を知らなければ、貨幣経済に支配され奴隷となるしかないのと同じで、時空を超越した発想ができなければ現実という表層世界に縛られたままです。だからこの話はそれが理解できる人にしか通じないのです。先生は理解したからこそ『異刻遠鏡絵暦』を使いこなして、ご自分の理想を具体化できたというわけですな」

それを聞いて所長は問い返した。

「それでは私が江戸へタイムトラベルしてやったこと、その意味は、歴史的に一体何だったのでしょうか？」

5-1

21世紀の『絵暦』を作る!

「さあ、それを私に聞かれても困ります。なぜなら先生が良かれとお考えの上でご自分の意志でなさったことですから。しかしその結果が歴史的に価値があるのか、などと考えても意味がありません。そんなことはテレビニュースのように、その時々に起こった出来事の優先順位によって歴史自体が選択することですからね。残念ながら、それはすべて後にならないとわからないことなのです。

先ほども申し上げたとおり、時間はお金と同じ観念です。家庭でのお金の使い方を記録したのが家計簿であり、会社の収支や経営状態を記録したのが決算書であるように、時間の経過の中で起こった出来事を記録したのが歴史です。

家計簿や決算書はあくまで資料であり、それ自体は価値を生みません。せっせと家計簿を付けている奥さんや総務の皆さんには失礼ですが、そこに記された数字の流れの中から何らかのヒントを見出せる人だけに価値があると言えましょう。歴史もその流れの中からヒントを見出せる人にだけ意味があり価値となります。

さて、こうしているといつまでも話は尽きませんが、この辺で私から先生に一つお願いがあります。私の発明品『異刻遠鏡絵暦』を先生の『絵コンテ発想法』と組み合わせて、21世紀に相応しい『絵暦』を考えてもらえませんか?私が先生のような方が現れるのを待っていたのは、実はそれが一番の目的でした。まずは先生のように多層のレイヤーを見通す力を身につけた方に『異刻遠鏡絵暦』を使って実際に時空移動を経験していただき、もっと使い勝手のよいものに改良して欲しかったのです」

「どうでしょう、やっては頂けませんか？そうすれば現実という表層に縛られている人々にもっと心の自由を味わってもらえるはずです。江戸時代では人々の意識がそこまで達しておらず叶いませんでした。しかしこの時代ならば十分に可能性があります。それにこの方法は物質界にまったくインパクトを与えないエコシステムですしね。21世紀のこの時代にぴったりではないでしょうか」

そう平賀堂は言い終えると、満足げに煙草に火を着けた。

所長は平賀堂の話を聞いて大きくうなずいた。

「実にすばらしい計画ですね。新しい研究テーマとしては最高です！是非ともやらせてください。そうとくれば、いっそのことどうでしょうか？せっかくこうしてご縁もできたのですから、私どもの研究所の顧問になってはいただけないでしょうか！」

その後、平賀堂すなわち平賀源内は所長の申し出を快く受け入れ、ビジュアルコミュニケーション研究所の顧問になりました。新しい21世紀の『絵暦』開発プロジェクトは順調に進行していて、プロトタイプの完成はもう間近です。

新絵暦開発プロジェクト始動

新絵暦開発プロジェクトがはじまりました。
所長
「異刻遠鏡絵暦は最初と結果の2コマしかないので、シンプルすぎてイメージしにくいかも」
平賀堂
「ナルホド」
何やら画期的なアイディアのようですが
所長
「そこでコマの間を開けてですね…」
どこかで見たような
所長
「そこに3コマ追加して途中の経過を描けば流れがイメージできるようになります」
本当によいのですか？
平賀堂
「これはすごい、さすがは先生！」
所長
「どういたしまして」
その通り！
スミレ
「それって結局いつもの絵コンテですよね」

さてそうしたわけで最近、平賀堂はちょくちょく研究所に訪ねてくるのですが、それについてスミレはあまり快く思っていないようです。

スミレ曰く、平賀堂はかなりのスケベ親父で、しばしばセクハラ気味な発言をして、しかも困ったことにスミレが怒る様子を眺めては楽しんでいるそうなのです。所長はずる賢く完全に見て見ぬふりをしています。

そう言えば、スミレはタイムトラベルから戻ってきた夜、予定していた合コンをキャンセルしました。タイムトラベルによる時差ぼけと江戸でのカルチャーショックが一気に襲ってきて、精神的にかなり参ってしまったようです。それに強がり言っていても、せっかく仲良くなりはじめたばかりの翔吉と隼二郎との突然の別れが辛いようで、普段は脳天気な彼女が今度ばかりはしばらくふさぎ込んでいました。

セクハラに注意しましょう！

スミレ敏感になっています

スミレ「嫌な予感が」

やはり

平賀堂「・・・」

不機嫌なスミレ

スミレ「何か用ですか？」

そうきましたか

平賀堂「スミレちゃんのスッチー姿を見たかったな～！」

研究所は大丈夫？

所長「私も見たい！」

スミレ「ダメだ。頭が痛くなってきた」

そして江戸に残してきた翔吉と隼二郎は、所長の提案を実行するべく、ただちに隼二郎の持ってきた中から28点の大首絵を選び、翔吉が清書して蔦屋の旦那に見せました。旦那も蔦屋にとって起死回生の策に大乗り気で、職人たちを夜なべさせて刷り上げると、店の一番目立つ場所に張り出しました。やはり所長の予想は大当たり。28点の大首絵がずらりと並んだ様子は壮観で、しかも雲母刷りに懸賞が隠れているとの評判は瞬く間に江戸中を駆け巡り、店先は珍しい物好きな江戸っ子で黒山の人だかりとなり、あっという間に完売してしまいました。

その夜、佐賀町の絵コンテ指南処には、蔦屋から祝儀の酒樽が届き、久しぶりに隼二郎が腕を振るった料理で盛大に成功を祝ったのでした。

もちろん蔦屋の旦那は大喜び。早速翔吉には第二弾の制作依頼があり、二人は所長とスミレに報告するため大急ぎで佐賀町へと向かったのです。

ところが佐賀町の長屋に着くと、どうもようすが変なのです。

見慣れた『絵コンテ指南処』の看板は消え、そこには見た目は師匠とおスミらしき人物がいるのですが、翔吉や隼二郎が訪れてもまるで初めて会ったような風で、いくら話しかけても疑わしそうな目つきで後ずさりするばかりなのです。最初は何か悪い冗談かと思った二人も、しまいには相手が怒り出し、大家や木戸番まで駆けつける大騒ぎになってしまったので、引き上げるしか手はありませんでした。

肩を落として一ツ目通りを引き返す翔吉と隼二郎の姿を夕日が照らし、通りに長い影が伸びています。

しばらく歩くうち、二人は同時にあることを思い出し顔を見合わせました。最近の慌ただしさですっかり忘れていましたが、絵コンテ指南処で大首絵の成功を祝った夜、二人は師匠から手紙を渡されていたのです。師匠によれば本当に困ったときにだけお読みなさいとのことでしたが、二人にとっては、今をおいてそのときはありません。

手紙には所長とスミレが江戸へ来て、二人と会ってからの一部始終が記されており、二人はそれを読んでやっとこれまでの疑問が解けた気がしました。そして手紙には『異刻遠鏡絵暦』とその使い方が同封されていました。二人は迷うことなく所長とスミレのいる未来に行くことに決めました。それが二度と戻れない旅路だとしても。

身寄りのない翔吉は上方へ行って、新しい画法を修行するとの理由を拵え、残念がる蔦屋の旦那から長い暇をもらいました。大変なのは隼二郎です。ふな膳の方は兄貴がちゃんと切り盛りしているので心配はありませんが、問題は普段文句ばかり言っている老いた父親です。本当は隼二郎のことが気になってならないのです。だからもし行方も知らせずに消えでもしたら、それこそどうなってしまうかわかりません。そこで一計を案じ、翔吉と共に上方に上り、もっと料理の腕を上げてくるという話で、何とか父親を納得させたのです。

二人は身辺の整理をすませると、二度と江戸時代に戻れないことを承知で21世紀にタイムトラベルしてきました。やはりあの大雨の日、所長が暇つぶしにスミレの嘘話をして、焚きつけたのが効いたようです。

二人ともはじめは戸惑ったようですが、あっという間に21世紀の生活にもなじみ、今では普通の若者とまるで見分けがつきません。実は二人が江戸時代の人間だなんて誰も信じないでしょう。

二人は今ビジュアルコミュニケーション研究所の研究員となり、絵暦の開発に参加しているので、研究所も賑やかになりました。

ほら隣の研究室から翔吉、隼二郎、スミレの楽しそうな話し声が響いてきます。それを聞いた所長は、

「…よしよし。これですべてよし」

と満足そうにつぶやきました。しかし平賀堂は訝しげに、「前から気になっていたけれど、あれって要するに三角関係だよね。私が口を出すことではないかもしれないが、このままでは、ちょいとまずいんじゃないのかな？」

と言いました。確かに平賀堂の言うとおりです。本当にこれでよしなのか？今後の成り行きが気になるところです。

あとがき

ここは江戸深川佐賀町。船宿の前を流れる油堀の水面に夕日の赤が反射し、通りを隔ててアサリ売りの声が響いてきます。家々ではおかみさんたちが忙しく夕餉の支度をしている時分になりました。

所長とスミレが翔吉や隼二郎と出会った絵コンテ発想法指南処のある長屋もすぐそばにあり、私は火の見櫓の角にある茶店に腰を落ち着けて、今これを書いています。

とは言っても平賀源内の『遠鏡異刻絵暦』を使ってタイムトラベルしたわけではありません。種を明かせば、江東区にある深川江戸資料館に来ているのです。この本の舞台に選んだこの地に再び舞い戻り、周囲に広がる江戸の町並みを眺めながら、あとがきを書く酔狂を試してみたかったわけです。

ところで、絵コンテ発想法の本はこれで3冊目になりますが、今回は自分で言うのも何ですが、はっきり言って一番発想法の本らしくありません。しかし、発想というものをイメージし、なおかつ、活用するうえで避けては通れない大切なことを書いたつもりです。

発想は思考とはちょっと違った次元のものです。だからデスクにしがみついて言語を駆使して論理的に考えても、浮かんでくるといった代物ではありません。むしろ何か疑問を抱えているとき、ふと気が緩み、うとうとと白昼夢を見ているようにぼんやりしてしまったときの方が手に入りやすいことは誰でも経験済みですね。アルキメデスの原理の発見、ユーレイカの状態もそのようにしてもたらされました。

絵コンテ発想法は、ユーレイカの心理状態に絵と言葉それぞれの特性を活かして導き出すものであり、絵コンテはその道具です。それは俳句のようにシンプルなものです。だから誰でもすぐに使えるようになります。しかも俳句がシンプルながら奥が深いように、絵コンテ発想法も使いこなせばものすごい可能性を秘めています。前2冊では主にそうしたことを解説しました。

それでは今回の狙いは何か？ズバリ現代の『異刻遠鏡絵暦』として、絵コンテを使ってタイムトラベルをすることです。決してふざけているつもりはありません。この先まだ物理的な時空間を移動するタイムマシンは完成しそうにありませんが、それまで待つ必要があるでしょうか？人間の発想力に限界はありません。この今という現実に心まで囚われる必要はないはずです。

我々が持つ発想力を最大限に活用すれば、心を時空の制約から解き放つことは決して難しいモノではありません。今回はビジュアルコミュニケーション研究所の所長とスミレのタイムトラベル体験をご覧いただくことで、時空を自由に行き来して発想する感覚をイメージしてもらえるはずです。更には有名な寓話や童話が教えてくれる発想へのヒントとして（5つのポイント）をピックアップしておきました。

ここまで書いたところで急に後ろから、

「どうですか、様子は？」

と声がします。我に返って振り返ると、そこにはなんと平賀源内が立っているではありませんか！

所長が神田神保町の平賀堂書店を尋ね平賀源内に出会ったときの気持が少しはわかったような気がしました。しかしいくらこんな本を書いているからといって、そんなことがあろうはずがありませんよね。

実は平賀源内によく似たその人はこの深川江戸資料館でボランティア解説員をなさっている野田弘三さんという方でした。その後お話を伺うと、新聞社にお勤めだった野田さんは深川の歴史に大変詳しく、本を書く前にお会いしていればと残念に思いました。

当地深川は徳川家康公が当地を巡視の折、摂津国（大阪府）から開拓にきていた深川八郎右衛門の功績を讃えて、その姓を採って深川村とするよう命じたそうです。関ヶ原の戦いで勝利した徳川家康によって作られた江戸は265年間という長い栄華を誇り、その後は今の大都市東京へと変遷を遂げたわけです。

もし徳川が関ヶ原の戦いで勝利していなければ、江戸はもちろん後の東京も存在しなかったことになります。そうしたら日本は一体どんな風になっていたのか。歴史はランダムな時間の流れの産物だと書きましたが、発想と同じように、たとえ小さくても要素同士の組合せによってその流れは劇的に変化してしまうのだと改めて感動を覚えました。

江戸も中頃に近くなると、この深川の地はパリ左岸のように文人墨客が多く好んで住まう文化地域となりました。そして鎖国による閉鎖環境で独特なガラパゴス的熟成を遂げ、クールジャパンの先駆けである江戸サブカル系の人々が集い、才能を開花させたのです。

自分がたまたま深川で暮らし、佐賀町は散歩コースで、この深川江戸資料館には当時の江戸の町並みが再現されていて何かと好都合なので、今回の話の舞台にしたわけですが、結果的に、ここ深川は絵コンテ発想法指南処を開設するのに最適な土地柄だったわけですね。

さて、今回の本はいつにも増して完成が大幅に遅れました。そのようなことで、出版局書籍編集部の鈴木部長には大変なご迷惑をおかけしてしまいました。いつもながら忍耐強く遅々として進まない執筆を温かい目で見守って下さり、更に励ましと適切なアドバイスをいただき本当に感謝の念に堪えません。ありがとうございました。

またさまざまな局面でアシストしてくれた妻と二人の息子、そしてご協力いただきました皆さんに感謝申し上げます。本当にありがとうございました。

（2013年春 江東区深川江戸資料館にて）

大野 浩（おおの ひろし）略歴

1954 年東京都渋谷区生まれ株式会社モネパレット代表取締役
日本大学芸術学部美術科卒業。TVCM、番組、教育、工業技術など幅広いジャンルの映像制作及びイラストを手掛ける。「絵と映像を使った発想とコミュニケーション」をテーマにビジュアルの新たな可能性を探求すると共に、「芸術家」「技術者」「科学者」が互いにジャンルの壁を越えて融合し、高付加価値なモノづくりを目指す日本型プロジェティスタの活動を推進している。
著書「天才ダ・ヴィンチから学ぶ驚きの絵コンテ発想法！」「シャーロック・ホームズはiPadで発想する夢を見るか？」（日刊工業新聞社）
ホームページ http://www.monetpalette.com/
メールアドレス ohno@monetpalette.com

「絵コンテ発想法」寺子屋指南！
—紙と筆があればできる驚きの発想法

NDC 727

2013年4月25日　初版1刷発行　　定価はカバーに表示してあります

©著　者　大野 浩
発行者　井水 治博
発行所　日刊工業新聞社
東京都中央区日本橋小網町14番1号
（郵便番号103-8548）
書籍編集部　電話 03-5644-7490
販売・管理部　電話 03-5644-7410
FAX 03-5644-7400
URL　http://pub.nikkan.co.jp/
e-mail　info@media.nikkan.co.jp
振替口座 00190-2-186076

本文デザイン・DTP ———新日本印刷（株）
印刷・製本 ————————新日本印刷（株）

落丁・乱丁本はお取り替えいたします。
2013 Printed in Japan
ISBN 978-4-526-07066-2

日刊工業新聞社の　好評図書

天才ダ・ヴィンチから学ぶ
驚きの絵コンテ発想法！

― アイディアが浮かぶ・伝わる・役に立つ ―

大野　浩　著
A5判　196頁　定価(本体1400円＋税)

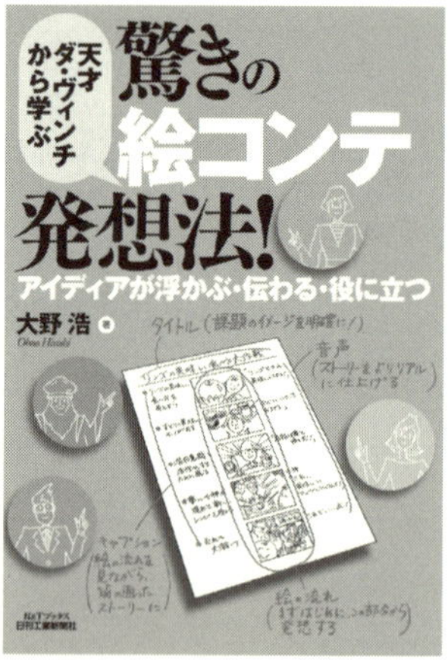

「絵コンテ本」第１弾。ドラマ、CM、アニメ、映画などの動画コンテンツの設計図として使われている「絵コンテ」。実は映像に限らず、アイディア、暮らし、モノづくりのあらゆる場面で使える優れもの。使い道は「発想法」「説得術」「共有化」「仕事術」など多彩なのです。

その「絵コンテ」の描き方、使い方を、イタリア・ルネサンスの天才ダ・ヴィンチ先生が、一番弟子のメルツィたちと、「絵コンテまんが」を使って楽しく紹介します。もう、読んでいるだけで「発想気分」になること間違いなし。

本書で、「映像クリエーターのように絵コンテを仕事や企画の現場で駆使する喜び」そして、「ちょっとした生活の場で絵コンテを作ってみせる優越感」を手に入れて下さい。

Contents